iPad
教育活用 7つの秘訣 2
~新しい学びの実践者に聞く ICT活用実践と2020年突破の鍵~

小池幸司　神谷加代

巻頭特別メッセージ

プログラミング言語は次の世代の言語
その文法は「詩を教える授業」であるべき。

「消費者」ではなく「クリエイター」を育てる学びを。

2020年より小学校において必修化されるプログラミング教育。
なぜ、子どものうちからプログラミングを学ぶ必要があるのか？
親子でテクノロジーを育む知育絵本「ルビィのぼうけん」の筆者
リンダ・リウカスさんに、その意義を語ってもらった。

Special Message for Japanese Educators

現代の子どもたちは、スワイプ、ピンチ、そしてタップで世界中を飛び回りますが、コンピュータを使って「創る」ことを教わらない限り、"クリエイター"ではなく"消費者"になってしまうでしょう。これからの技術教育は、より親しみやすく、よりカラフルで、多様なものにする必要があります。

古めかしく、難しい本とにらめっこして勉強するのではなく、コンピュータの中で泳ぎ回ることができるとしたら？ただ基本動作を繰り返すだけではない、ダンスパーティーのような学びができるとしたら？

私は、プログラミング言語が次の世代の新しい言語であり、その文法の授業は「詩を教える授業」で

あるべきだと信じています。

「ルビィのぼうけん (Hello Ruby)」は、スクリーンベースの説明を使わず、遊び、想像力、創造性に焦点をあて、子どもたちにコンピュータサイエンスのコードや理解を深めてもらうための先駆的で、アンプラグドなプロジェクトです。

過去4年間で、「ルビィのぼうけ

リンダ・リウカス さん
Linda Liukas

フィンランド、ヘルシンキ出身のプログラマー、作家、イラストレーター。『Hello Ruby』はクラウドファンディングのKickstarterでまず資金を募り、発表からたった3時間強で目標金額の$10,000を達成。その後、Kickstarterの中でもっとも資金を集めた絵本となりました。リンダはプログラミングの世界での中心人物のひとりであり、Rails Girlsの創立者でもあります。Rails Girlsは、あらゆる場所で若い女性にプログラミングの基礎を教える団体。ここ数年間で160を超える都市でワークショップが開催され、10,000人以上の女性がプログラミングの基礎を学んでいます。

Copyright Maija Tammi 2014

ん」は 23 カ国で出版され、世界中の先生に使用されています。何千人もの先生方にお会いし、数え切れないほどの学校に伺いましたが、この世界を変える最も大切な方法は教室から始まるのだと確信しています。

初等教育においてコンピュータサイエンスを教えるための指導基準を作成している国は多いですが、まだはっきりとした結論には至っていません。日本は小学校でコンピュータプログラミング教育を義務化した最初の国の一つであり、2020 年は大きなスタートの年になります。さて、私たちは何を教えるべきでしょうか。私はプログラミングと論理的思考に加え、ハードウェア、ネットワーク、AI などのコンピュータサイエンスの概念を学ばせることが重要だと思います。そして概念を超えて、持続性、創造性、コラボレーションといった実践を教えるべきだと考えます。

ソフトウェアを書くことは、表現することであり、創造性を発揮することであり、そしてクレヨンと紙、また木材と道具を使って行うような実践的な活動でもあります。「ルビィのぼうけん」は紙のコンピュータを構築したり、巨大なアルゴリズムのアートワークを作ったり、人間とコンピュータの創造性の違いを議論して、子どもや先生方にとって将来のために必要な"技術に関する自信と興奮"を与えます。

それではコンピュータサイエンスを教えるうえで重要な課題は何でしょうか?それは教員のための学習機会の提供です。なぜなら多くの先生方はプログラムを組むことや、プログラミング的思考について専門的に学ぶ機会が与えられてこなかったからです。先生方が教室でプログラミングを教えるために必要な知識と能力を身につけ、コンピュータサイエンス教育の専門家としての自分自身を見つめなおす機会を与えられるべきです。機会を通じてプログラミング的思考、ハードウェア、ネットワーク、AI の概念を分析し、それらが日常生活にどのように関係しているかを学ぶことで、ちょっとした日常での経験を通じて―ルビィのように―とてつもなく大きな問題でさえ、本当に小さな問題の積み重ねであることが理解でき、どう教えるべきかがわかるようになります。

そして、これからのプログラミングを教える先生にとって最も大切なことは、子どもたちの好奇心を呼び起こすことです。子どものころに体験するプログラミングやテクノロジーの学びは、子どもたちが成長するうえで大きな影響を与えます。だからこそ、プログラミングを楽しく、創造的でエキサイティングなものにしていきましょう!

メッセージ原文

The kids of today swipe, pinch and tap their way through the world, but unless they are taught to build with computers they'll be consumers instead of creators. In a more and more technical world we need to make technology education more approachable, more colorful and more diverse. Imagine if instead of studying dusty books we could crawl inside a computer? Instead of repeating loops over and over, we could have a dance party?

I believe if code is the new lingua franca of the next generation, instead of grammar classes we should be teaching them poetry.

Hello Ruby is a pioneering unplugged project to teach children code and understanding of computer science by removing screen-based interaction and focusing on play, imagination and creativity. It is increasingly being used by teachers all over the world. During the past four years Hello Ruby books have been published in 23 different languages, I've met thousands of teachers and schools and realized the biggest way of changing the world is through classrooms.

Many countries are in the midst of creating the core standards for teaching computer science in elementary education, but no one has yet figured out all the answers. Japan was among the first countries to decide to make computer programming a compulsory subject at primary schools in 2020, which is a great start in itself. What should we be teaching? In addition to coding and computational thinking, I believe it's important to introduce core computer science concepts like hardware, networks and AI. And beyond the concepts, we should teach practices, like those of persistency, creativity and collaboration.

What about how we teach computer science then? I think the key challenge is offering professional development for teachers: most teachers have never programmed or been introduced to computational thinking before. Teachers should have the knowledge and competencies needed to teach programming in the classroom and learn to see themselves as professionals in computer science education. I hope teachers will learn to analyze concepts around computational thinking, hardware, networks and AI and describe how they relate to everyday life. I hope they'll learn to prototype experiences around computing education and - like Ruby - realize that in the end, even the biggest problems in the world are tiny problems stuck together.

Writing software is also about expression, creativity - and practical application. Just as they would with crayons and paper or wood and tools. Whether it's building and designing a paper computer or making a giant algorithmic artwork and discussing the differences of human and computer creativity, Hello Ruby gives kids and teachers the confidence and excitement about technology they need for the future.

The most important thing a teacher can do is to spark the curiosity of the child. The early experiences we have with programming and technology influence our attitudes growing up - so let's be sure to make programming fun, creative and exciting for the students.

Linda Liukas

書籍案内

第1弾

ルビィのぼうけん
こんにちは! プログラミング

リンダ・リウカス／作，鳥井雪／訳
翔泳社 刊
ISBN:9784798143491
B5変判上製、114ページ

第2弾

ルビィのぼうけん
コンピューターの国のルビィ

リンダ・リウカス／作，鳥井雪／訳
翔泳社 刊
ISBN:9784798138770
B5変判上製、88ページ

『ルビィのぼうけん』特設サイト - 翔泳社　www.shoeisha.co.jp/book/rubynobouken/

iPad教育活用 7つの秘訣2
～新しい学びの実践者に聞くICT活用実践と2020年突破の鍵～

iPad活用事例

小学校編

秘訣①　松田　孝 先生　　小金井市立前原小学校
「ツールからインフラへ。従来の「枠」を超えた発想で使え！」 …………………… 10
松田先生　おすすめ「実践ツール&活用法」紹介 ………………………………… 16

秘訣②　藤原　晴佳 先生　　古河市立大和田小学校
「とことん使い倒す。その先に子どもたちの「成長」が見えてくる！」 …………… 20
藤原先生　おすすめ「実践ツール&活用法」紹介 ………………………………… 26

中学校編

秘訣③　中村　純一 先生　　佐賀市立大和中学校
「押し付けはしない。目の前の生徒に「フィット」する学びを！」 …………………… 36
中村先生　おすすめ「実践ツール&活用法」紹介 ………………………………… 42

秘訣④　反田　任 先生　　同志社中学校
「使うのはあくまで生徒。自ら学ぶ「しかけ」が主体性をつくる！」 ………………… 46
反田先生　おすすめ「実践ツール&活用法」紹介 ………………………………… 52

高校編

秘訣⑤　鈴木　映司 先生　　静岡県立韮山高等学校
「ないことを嘆くな。学びの「道具」はいつも目の前にある！」 …………………… 62
鈴木先生　おすすめ「実践ツール&活用法」紹介 ………………………………… 68

秘訣⑥　品田　健 先生　　聖徳学園中学・高等学校
「自由に使える環境を。「失敗」という経験にこそ価値を見出せ！」 ……………… 72
品田先生　おすすめ「実践ツール&活用法」紹介 ………………………………… 78

特別支援学校編

秘訣⑦　海老沢　穰 先生　　東京都立石神井特別支援学校
「社会とつながりを持て。学校の外との「連携」が学びを広げる！」 ……………… 88
海老沢先生　おすすめ「実践ツール&活用法」紹介 ……………………………… 94

メッセージ・対談・座談会

| 巻頭特別メッセージ | リンダ・リウカス さん 2

| 誌上座談会 ① | 「プログラミング教育」................. 30
　　　　　　　阿部　和広 先生(青山学院大学)
　　　　　　　平井　聡一郎 先生(情報通信総合研究所)
　　　　　　　福原　立士 氏(STAR Programming SCHOOL)

| 誌上座談会 ② | 「玉川大学3年生 〜先生の卵×ICT〜」............ 82
　　　　　　　玉川大学工学部　勉強会「教師虎の穴」　学生のみなさん

| 誌上座談会 ③ | 「上大野小学校 薄井学級 〜プレゼンテーション×ICT〜」... 96
　　　　　　　古河市立上大野小学校　薄井直之 先生、児童・卒業生・保護者のみなさん

| クロージング対談 | 江川 達也 先生(漫画家)×小池 幸司 氏 106

寄稿・コラム・レポート

| Column ① | 片山　敏郎 先生　新潟市立新潟小学校 18
| Column ② | 岩居　弘樹 先生　大阪大学 全学教育推進機構 44
| Column ③ | 金子　暁 先生　広尾学園中学校・高等学校 54
| Column ④ | 永野　直 先生　千葉県立袖ヶ浦高等学校 70
| Column ⑤ | 小酒井　正和 先生　玉川大学 工学部 86
| Column ⑥ | 杉本　真樹 先生　国際医療福祉大学大学院 100

「教育現場で使えるiPadアプリ講座」小池　幸司 氏(教育ICTコンサルタント) 28

「ICT教育レポート『英語教育×AI』」岡田　健志 氏(株式会社デジタル・ナレッジ) ... 56

「動画教材ワンポイント講座」 栗谷　幸助 先生(デジタルハリウッド大学)...... 80

「協賛企業誌上プレゼンテーション」 教育産業株式会社 102

本書の読み方

"2020年の学び"をつくる先生たちへ
〜「新しい学び」の実現に向けて 〜

いよいよ2020年へのカウントダウンが始まりました。明治以来、ずっと変わらずに受け継がれてきた知識の伝達を中心とした授業。それがいま、大きな転換期を迎えています。「主体的・対話的で深い学び」（アクティブ・ラーニング）を謳った新しい学習指導要領は、教育関係者にとっての"学びの地図"であると同時に、「学力」という"ゴール"そのものを再定義するものと言えます。

ここで忘れてはいけないことが一つあります。いかなる理想も改革も、実際に行われるのは「学校現場」だということです。そして、それを実現するのは、子どもたちの目の前にいる「先生一人ひとり」にほかなりません。

本書では、ICTを活用して「新しい学び」に取り組む、7人の実践者の事例をインタビュー形式で紹介します。小学校、中学校、高校そして特別支援学校。それぞれの現場でどのように「新しい学び」を実現し、またそれによってどのような変化が生まれたのかを、現場からのリアルな声として語っていただきました。

「新しい学び」のめざす先には何があるのか。それを実現するための第一歩をどう踏み出していけばいいのか。2020年を目前に控え、新たな道を模索する多くの先生たちにとって、実践者たちの声が何がしかのヒントになればうれしいです。

なお、本書で紹介する実践者たちのプレゼンテーション動画を、YouTubeで公開しています。インタビュー記事の最後にアクセス方法を記載しますので、合わせてご覧いただくと、より具体的なイメージが掴めるはずです。

▶ YouTube 『iTeachers TV 〜教育ICTの実践者たち〜』

タブレットや電子黒板といったICT機器を活用した"新しい学び"が、学校をはじめとする教育機関で広まりつつあります。iTeachers TV はそんな教育現場のいまをお届けする教育 ICT の情報番組です。先生や生徒、教育関係者をゲストに招き、その実践や取り組みをプレゼンテーション形式で紹介。番組は毎週水曜日の夜に YouTube で配信しています。
https://www.youtube.com/c/iteacherstv

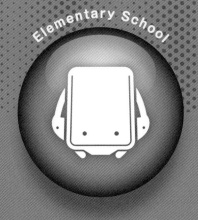

小学校編

「プログラミング教育の必修化」「英語教育の教科化」など教育改革の主戦場となる小学校の現場。ICT導入へのニーズも高い。一方でその実現に向けた進捗は自治体ごとで差が広がるばかり。2020年、新学習指導要領に描かれた学びにどこまで迫れるか。

P10
活用事例1　松田　孝 先生／小金井市立前原小学校

P16
松田先生おすすめ「実践ツール&活用法」紹介

P20
活用事例2　藤原　晴佳 先生／古河市立大和田小学校

P26
藤原先生おすすめ「実践ツール&活用法」紹介

小学校編 ▶ 小金井市立前原小学校

7つの秘訣 その1

ツールからインフラへ。従来の「枠」を超えた発想で使え!

学校は変わらない場所でいいのか

　学校はいつの間にか、一番時代遅れな場所になってしまったのか。本来は、時代と技術を学ぶ最先端の場所であったはずなのに。小金井市立前原小学校の松田孝校長は、そう語る。

「学校の学びは未だに黒板とチョークが中心で、この100年以上、変化していません。一方で、今の子どもたちはというと、デジタルネイティブと呼ばれ、幼い頃からデジタルデバイスに親しみ、ドッグイヤーと呼ばれる変化の速い時代を生きています。そんな今を生きる子どもたちにとって、学校はいつまでも"変わらない場所"でいいのでしょうか。私には子どもたちがランドセルを背負って、学校という過去にタイムスリップしているようにさえ感じます」

`プログラミング`　`アダプティブ・ラーニング`

黒板にチョーク、先生が大勢に話しかける授業。日本の学校はこの100年、そのスタイルを変えていない。そんな現状に危機感を持ち、新たな学びを開拓する教育イノベータがいる。公立小学校の校長が挑戦した新しい学びのカタチとは?

　2020年度から実施される新学習指導要領では、情報活用能力の育成が重要視され、プログラミング教育も必修化された。こうした状況を予測し、以前から公立小学校でICT教育を進めてきたのが小金井市立前原小学校の松田孝校長だ。変わらないことが当たり前だと思われた公立小学校。ICTとプログラミングで子どもたちの学ぶ姿に変化をもたらした。

前原小学校ではiPad、Chromebook、Androidタブレット、Windowsタブレットなどマルチデバイスで一人1台環境を実現。これらの端末は総務省の実証事業を3本受託することで貸与されたという。学年やクラス単位で同じOSのデバイスを使うことで運用を進めている。

> 教師の役目は、10年に一度しか改訂されない学習指導要領の内容を
> 教えることだけではないはずです。

松田先生はそんな問題意識を持ちながら、今の教育現場と時代を見つめているという。

「現在10歳の小学4年生が、働き盛りの年齢を迎える2030年代、子どもたちは、本当に社会で通用する人間になっているでしょうか。学校はそうした人材を育てるための学びを実践しているでしょうか。私は、未来の社会を生きる子どもたちに必要な資質・能力を育てるためにも、学校で時代とテクノロジーを学べるようにしたい。教師の役目は、10年に一度しか改訂されない学習指導要領の内容を教えることだけではないはずです」

"学校を時代遅れの場所で終わらせない"、松田先生が教育改革へ取り組む原動力がここにある。

企業や研究機関と協力。テクノロジーを学べる学校に

松田先生は、前任校である多摩市立愛和小学校の校長時代に、企業からiPadを80台借受けることができ、タブレット活用を本格的に始めることになった。愛和小学校では初年度こそ一人1台の端末が整備できなかったが、2年目以降は多くの企業や研究機関と連携し、協同研究をともにすることでデバイス整備への協力を呼びかけた。その結果、一人1台を実現し、同時にデジタル教材や授業支援ツール、プログラミング教材など、タブレットに活

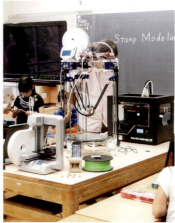

愛和小学校のタブレット導入2年目の学校公開の様子。(写真左)複数のiPadでデータ共有ができるアプリ「AC Board」を活用した意見交換。(写真右)3Dプリンタを活用したオリジナルのはんこ制作。

松田 孝 先生

小金井市立前原小学校校長。東京学芸大学教育学部卒、上越教育大学大学院修士課程修了、東京都公立小学校教諭、指導主事、主任指導主事(狛江市教育委員会指導室長)、多摩市立東愛宕小学校(現、愛和小学校)を経て、2016年4月から小金井市立前原小学校に着任。タブレット端末等を積極的に活用して、Amazingな授業を創造するCrazyな公立小学校を創る野望を抱いている。2018年春より、早稲田大学大学院教育学研究科博士後期課程入学。

小学校編 ▶ 小金井市立前原小学校

愛和小学校で行ったプログラミング授業の様子。
（写真左）Viscuitを活用した授業。（写真右）BB8を活用した授業。

用できる製品の協力を得ることもできた。

「公立小学校は予算が限られているので、ICTの取り組みを行うのはむずかしいと思われています。もちろんその通りですが、だからといってまったくできないわけでもありません。私はこれまで、企業や研究機関、さまざまな団体の方と知り合い、子どもたちの学びにテクノロジーが必要であることを伝え、協力をお願いしてきました。そのためICTの取り組みは、まずは学校が社会とつながることが重要だと考えています。立場の異なる方から、学校の取り組みに対してさまざまな意見やアイデアをいただけたことは、教師としても価値ある学びにつながりました」

こうした松田先生の考え方は、企業や研究機関など多くの教育関係者を巻き込む結果となった。当時、愛和小学校の公開授業ではタブレットを活用した最新の実践が披露され、多くの教育関係者が詰めかけたのだった。

一人1台を最大限に活かす活用を追求

松田先生は、愛和小学校の校長時代にさまざまな取り組みを実施したが、なかでも一人1台環境を活かすことに重きを置いたと語る。

「例えば、計算力や漢字、社会の暗記項目といった基礎基本の定着にドリル教材を使いました。朝学習や帰りの会、休み時間から全員が着席するまでの間など、学校は意外とすきま時間が多く、こうした短い時間に自分のペースで進められるドリル教材は最適です。また授業支援ツールを用いて、子どもたちの思考過程やつまずいた部分を把握したり、子どもの解いた答をすぐに電子黒板に映せるようにしたりしました。子どもたちがノートに書いた答を黒板に書き写す姿はよく見られますが、タブレットを使うと大幅な時間削減につながります。他にも、英語教育としてオンライン英会話にも取り組みました。一人1台の環境ならば発話回数を上げられることがメリットですね」

このように愛和小学校では、一人1台の環境を活かしつつ、プログラミング教育にも力を入れてきた。タブレット導入3年目の2015年には、総合的な学習の授業で年15時間をプログラミングとし、学校全体として取り組むカリキュラムも実施した。

「子どもたちはスマートフォンやタブレットに慣れ、使いこなすのも上

前原小学校のプログラミング授業の様子。松田先生はプログラミングの授業を行う際に、「自分でどんどんやってみたい子」「友達と協力しながらやりたい子」「ゆっくりすすみたい子」の3つのグループに分けて指導しているという。

ICTの取り組みは、まずは学校が社会とつながることが重要だと考えています。

前原小学校では、松田先生自らプログラミングの授業を行うことも。写真は心拍センサーを使って脈拍を測るプログラミングの授業。
2017年度にはIchigoJamを活用して、BASIC言語にも挑戦し始めている。

手ですが、道具としての使い方を"知っている"にすぎません。そこから"何を創ることができるか"、それを考えることに価値があり、プログラミング教育はその手段として重要だと考えていました」

ツールの活用から創造へ。タブレットやICTを便利に使うだけのユーザー視点で終わらせず、それらを使って何を創るのか、作り手の視点を与えたかったというのだ。

タブレット0からの再出発

そんな愛和小学校での取り組みを経て、2016年4月から小金井市立前原小学校に着任した松田先生。当時、同校はICTとは程遠く、Wi-Fiネットワーク環境もまだ整備されていなかったという。

「前原小学校に着任したとき、タブレット端末はゼロでした。しかし、大型モニタが整備されていて、"それがあるだけでもいい"と思いました。それからは、タブレットの一人1台環境をめざして、愛和小学校のときと同様、企業や研究機関、ICTに熱意のある関係者らに駆け寄り、協同研究をすることで端末整備への協力をお願いしました。その甲斐あって、なんとか2学期までに一人1台環境を実現することができました」

当時の前原小学校の全児童数は約500名。松田先生は、たった4ヶ月で全児童に行き渡るタブレットを揃えてみせた。またネットワーク環境も企業の協力を得て、徐々に整備することができ、前原小学校のICT活用がスタートした。

「前原小学校では、タブレット導入の初年度からプログラミング教育をカリキュラムに組み込みました。3年生以上の『総合的な学習の時間』で年20時間をとり、新学習指導要領の必修化に向けて先行実施で取り組むことにしました。もちろん、現場の先生たちは大変です。しかし、プログラミングの授業は多くの教師が受けたことがなく、実際にやってみないことには何も分かりません。完成したものを提供するのではなく、子どもたちと一緒に学びながら、ブラッ

小学校編 ▶ 小金井市立前原小学校

前原小学校では、日々の授業でもタブレットを活用している。なかでも授業支援ツール「schoolTakt」の活用頻度が高く、授業の感想や記録をまとめるなどの活動を取り入れている。

シュアップしていくことで何かが見えてくると考えています」

プログラミングを学ぶ、子どもの姿を見てほしい

松田先生は、前原小学校で初年度に取り組んだプログラミングについて、次のように振り返る。

「初年度は Scratch や Hour of Code などのビジュアルプログラミング言語を使ったプログラミングに挑戦しました。まずは楽しむことを優先し、先生たちにプログラミングを学ぶ子どもの姿を見てもらいたいと思っていました。子どもたちは最初こそ不慣れですが、回を重ねるごとに試行錯誤の精度が上がり、教え合ったり、協力したりしながら目の前の課題を乗り越えていく姿が見られます。そして、課題解決に留まることなく、自分の想いやイメージしていることを表現したいという意欲をもち、その可能性も探っていきます。こうした子どもの姿を見ることで、通常の授業との違いは何か、コンピュータやプログラミングが難しいと考えているのは、実は大人だけではないかと気づいてほしいのです」

とはいえ、タブレット導入初年度の前原小学校では、子どもたちのITスキルが育っていないのも事実。そこで松田先生はプログラミングだけでなく、日々の授業でも意見交換やプレゼンテーションなどでタブレットを活用するよう積極的に進めている。特に高学年はタイピングのスキルでアウトプットの内容が変わることから、朝学習の時間などを用いてタイピングの練習にも取り組んでいるという。

体系的に学ぶカリキュラムの作成へ

前原小学校でのプログラミング教育が2年目に突入した 2017 年度、松田先生はより体系的に取り組めるよう、カリキュラムの構築やプログラミング言語の体系図を作成した（写真①・②）。

「前原小学校では、メインとなるビジュアルプログラミング言語に Scratch を選び、それを元にさまざまな言語や教材を取り入れています。Scratch のメリットはなんといっても、汎用性が高いことで、高学年で取り組むロボットプログラミ

> グローバル社会、情報化社会を生きる子どもたちが、確かな時代認識を持ち、
> 学校の不易を変えていくためにもプログラミングは大きな役割を担うと考えています。

写真①：松田先生が最初に考えたプログラミング言語の体系図。現在は取り組みも進み、ここからさらに進化しているという。

写真②：松田先生が考えたプログラミングの年間指導計画例。1学期は基本、2学期は習熟、3学期は発展の構成になっている。

ングにもつながります。またScratchは書籍も多く出版されているので、情報量が豊富なのも良いと思っています。体系図に関しては、全体的な流れとして、低学年から高学年へ、アンプラグド→バーチャル空間でのプログラミング→ロボティクス→コーディングの順番で進められるように考えてみました。体系的に取り組むことで、担任が変わっても、学校として充実した内容のプログラミング教育が行えるようにしていきたいです」

プログラミングやICT、今までの価値観では活かされない！

これほど積極的にプログラミング教育やICT教育に取り組む松田先生だが、現在感じている課題点はなんだろうか。

「プログラミングについては、前原小学校は頑張って取り組んでいますが、やはり全体を見ると、まだまだ関心が低いことに課題を感じています。こうした状況になってしまうのも、同じ教師として理解できる部分があるのですが、子どもたちの立場になったとき、果たしてこの現状で良いといえるでしょうか。グローバル社会、情報化社会を生きる子どもたちが、確かな時代認識を持ち、学校の不易を変えていくためにもプログラミングは大きな役割を担うと考えています」

またタブレットやICTの活用についても、松田先生はこう語る。

「私自身は、タブレットやスマートフォン、コンピュータなどのICT機器は、もはやツールではなく、インフラだと捉えています。つまり、水や電気と同じように、何かを行うときには、"使って当然だ"という認識です。ゆえに、今までの授業のフレームの中でアドオン的な位置づけで使うと、限られた人しか使わないICTができあがってしまうと考えています。そのような事例って、これまでにもたくさんありましたよね？学校で本当にICTが根付くためには、従来の授業の枠にとらわれない発想が何より重要だと考えています」

動画でCHECK！ ▶『iTeachers TV ～教育ICTの実践者たち～』 YouTube

【Vol.58】松田 孝 先生
（小金井市立前原小学校）前編
https://youtu.be/MIKUI_wd2Lc

【Vol.59】松田 孝 先生
（小金井市立前原小学校）後編
https://youtu.be/3WJ3wVFcuSY

小学校編 ▶ 小金井市立前原小学校

"新しい学び"をつくる！「実践ツール&活用法」紹介 おすすめ

クラウドにプログラミング、新しい学びの実現に役立つ、松田先生おすすめのアプリ&ツールとその活用法を一挙公開

アルゴリズムえほん1〜4
開発元・販売元	フレーベル館
カテゴリ	書籍
価格	各巻3,024円

松田先生監修、プログラミングの基礎「アルゴリズム」をストーリーで解説する本。学校の生活の場面を取り上げ、"自分ならこうする"と考えながら読み進めることができる。低学年におすすめ。

アーテックロボ
開発元・販売元	アーテック
カテゴリ	ロボット
価格	販売元へ問合せ

ブロックを組み立てて行う、ロボットプログラミング教材。センサのパーツが充実しているのが特徴。教員用の指導書も用意されている。自動ドアなどの装置を作って、身近なモノの原理を知る授業に活かせる。

schoolTakt
開発元・販売元	コードタクト
カテゴリ	サービス
価格	月額料金無料〜

マルチデバイスで活用できる授業支援システム。Webブラウザさえあれば、インストールの手間なく使用可能で、一斉授業、協働学習、個別学習などさまざまな場面で活用できる。ポートフォリオ機能がついたことで、児童生徒の記録も保存できるように。

まなびポケット
開発元・販売元	NTTコミュニケーションズ
カテゴリ	サービス
価格	月額料金無料〜

デジタル学習コンテンツ、授業支援ツール、教育用SNSなど、学校でタブレットを活用する際に必要なさまざまなサービスをクラウドで利用できる。複数のサービスをシングルサインオンでアクセスできるのが特徴。

"新しい学び"をつくる！おすすめ「実践ツール&活用法」紹介

Minecraft:Education Edition
開発元・販売元	Microsoft
カテゴリ	サービス
価格	無料

人気ゲーム「Minecraft」の教育版。学校の授業で使いやすいように、先生用アカウント、カメラ機能、ポートフォリオ機能などを搭載。プログラミング環境「Code Builder」を使えば、マインクラフトの中でプログラミングもできる。

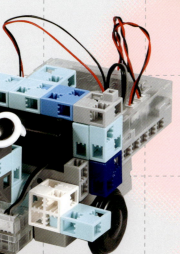

EnglishCentral
開発元・販売元	EnglishCentral
カテゴリ	サービス
価格	1,917円〜／ひと月

グローバルな動画を使って学ぶオンライン英会話と英語学習のサービス。音声認識システムが発音と流暢さをリアルタイムで採点。一人でじっくり練習できる。

Ozobot
開発元・販売元	キャスタリア
カテゴリ	ロボット
価格	販売元へ問合せ

紙やスマートフォン、タブレット上に描かれた線に沿って動く小さなロボット。学校でも紙とペンを使ってプログラミング教育を実践することができる。タブレットの専用アプリ「OzoBlockly」でプログラミングを行う。

Google Teachable Machine
開発元・販売元	Google
カテゴリ	サービス
価格	無料

ブラウザから機械学習を体験できるサイト。カメラで3種類の画像を撮影し、コマンドを設定すれば、AIが判断してGIFアニメを再生することができる。「AIとは何か」を体験させる授業に使える。
https://teachablemachine.withgoogle.com/

©Google

●掲載情報は2018年2月1日段階のものです。名称やアイコン、価格などは変更される場合があります。価格は税込表示となります。

Column ①

活かそう追い風!
～「7つの不満」を解消し、子どもにICTの翼を！～

新潟市立新潟小学校
日本デジタル教科書学会 副会長
片山　敏郎

今ほど、「教育ICT」に追い風が吹いた時はない！

新学習指導要領では、「すべての学習の基盤」として、「情報活用能力」を資質・能力の例として取り上げました。また、「プログラミング教育」が算数、理科、総合的な学習の時間の3つで例示されました。「主体的・対話的で深い学び」を実現するために、ICT環境の充実を加速させるべきと文部科学省も言っています。そう、大変な追い風なのです。

追い風は、教育現場にも降りてきています。リーダー的な役割をしている校長先生ほど、教育におけるICTの役割やプログラミング教育の可能性についてポジティブに語ります。管理職の先生方の意識も、変わってきているのです。

先生方の7つの不満

しかし、授業に取り組む小学校の先生方からは、不安や不満の声を山ほど聞きます。先生方が怠けているのではありません。授業活用への課題がありすぎるのです。大別すると、以下の7つです。

1. タブレットが足りない！
プログラミング教育をやろうと思っても、タブレット端末の台数があまりにも足りない。学校10台でいったい何ができるのか。

2. タブレットが使いづらい！
タブレット端末があったとしても、非常に使いづらい。起動までに時間がかかり、ほしいアプリがない。申請手続きも煩雑。重くてさくさく動かない。よく固まる。これでは、子どもの「学びの道具」としてとても使えない。

3. ロボット教材がない！
研修で、「ロボット教材だとこんなことができますよ」と、よく聞く。しかし、学校にはない。買う予算もない。

4. カリキュラムがない！
教科のねらいに向かいながらプログラミング的思考も育てよというが、場面が思いつかない。事例も見つからない。たまにあっても、自分の学校にないアプリケーションやロボット教材を使っていて参考にならない。

5. 指導方法が分からない！
アプリの操作がよく分からない。その上、プログラミングは個人作業が多く、個別指導が大変だ。アクティブラーニングとはほど遠い、指示ばかりの授業になりそうだ。

6. 指導内容があいまいだ！
「プログラミング的思考」とはどういうこと？研究者も考えが分かれていて何を信用していいか分からない。結局どんな力が高まればいいの？納得できないのに授業できない。

7. 他にやることが多すぎる！

まず、「外国語活動」。「考え議論する道徳」も必修だ。プログラミングは、まだ、通知表にも書かなくていいからとりあえず後回し。そこまで、手が回らない。

　これらの先生方の声や思いに耳を傾けず、精神論で「やるべきだ！」では、絶対に前には進みません。課題に正対して、環境を改善するのです。

　追い風は追い風！お互い、自分の持ち場で、これらの改善に全力を傾けましょう！

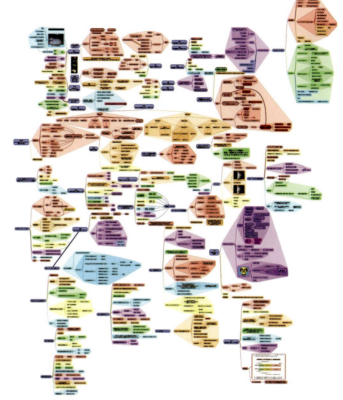

片山　敏郎 先生　　新潟市立新潟小学校／日本デジタル教科書学会 副会長

いち早くタブレット端末を活用した実践開発に取り組んだこの分野の先駆者である。2013年からは、新潟大学教育学部附属新潟小学校でiPadを一人1台活用した実践研究に取り組んでいる。特に、21世紀型の総合的な学習と情報リテラシーの育成について実践研究を進めている。型に捉われない自由なICT活用のあり方を信条としている。

動画でCHECK！ ▶『iTeachers TV ～教育ICTの実践者たち～』

【Vol.23】片山　敏郎 先生
（日本デジタル教科書学会）前編
https://youtu.be/GNSKwcGQaQY

【Vol.24】片山　敏郎 先生
（日本デジタル教科書学会）後編
https://youtu.be/ho_ohlh928w

小学校編 ▶ 古河市立大和田小学校

7つの秘訣 その2

とことん使い倒す。その先に子どもたちの「成長」が見えてくる!

`プログラミング教育` `アンプラグド` `思考力`

「プログラミング的思考って何?」「どうやって指導すればいいの?」プログラミング教育必修化を前に現場からは不安の声も少なくない。小学校段階におけるプログラミング教育のあり方や意義について先進校の事例から探っていく。

2015年9月、市内の小中学校にiPadを導入した茨城県古河市。中でも重点校である大和田小学校には、全クラスにApple TVや大型ディスプレイ、一人1台のiPadが配備された。また、「平成27年度情報教育指導力向上支援事業におけるプログラミング教育に関する実証校」に指定され、「教科のねらいを達成するツール」という位置付けでプログラミング教育を開始。プログラミング教育の先進校として全国から注目を集めている。

ワクワク感のある教員研修ですぐに実践開始

「抵抗感というのはなかったのですが、いったいどんなふうに使えるのだろうという困惑はありました」

藤原先生は大和田小学校に初めてiPadが来た当時のことをそう振り返る。

「夏休みも終わりに近づいたある日、突然たくさんのiPadが学校に届きました。そのまま教員向けの研修が始まったんです。それまでiPadは使ったことがなく授業で活用するイメージがあまり持てずにいたのですが、その一度の研修ですぐにiPadの魅力と可能性に気づかされました」

研修では、『ロイロノート・スクール』を使って隣の人の写真を撮り、そこに落書きをしてプレゼンする課題が出されたという。

「これはちょっとおもしろいぞとワクワクし始めたところに、『実際の教科の中だったらこんなふうに使える』というお話を聞き、自分の中でストンと落ちたのを感じました。そして、他の先生たちともディスカッ

藤原 晴佳 先生

大学では児童学科を専攻。2015年度より古河市立大和田小学校に勤務している。プログラミング教育実証校だった同校において、授業実践を通じて研究の取り組みを行う。プログラミングやICTを教科の中で効果的に活用し、子どもたちの思考が深まる授業を目標としている。その取り組みはNHKや朝日新聞デジタル「花まる先生」でも取り上げられた。

大和田小の何が一番よかったかというと、先生たちがお互いの授業を見合うんです。公開授業の前には模擬授業を実施して、他の先生たちが生徒役になってくれます。

ションをしてみんなで授業での活用イメージを共有することができたのです。この研修のおかげで、夏休み明けからすぐに一人1台環境でのiPadを使った授業をスタートすることができました。教員研修というと、どうしても堅いものが多いのですが、児童の主体性を引き出す授業を行うためには、教員研修もアクティブなものに変わっていく必要があるのかもしれません」

「おもしろい」と思える教員研修のおかげですぐに一人1台環境での授業をスタートできた。

スキル表と授業見学で学校全体の取り組みに

「『ある先生のクラスはできているけど、別のクラスではできていない』という状況はあまりよくありません。学校全体でICTの活用を進めるためには、担当教員によって差が出ないような工夫が必要です。そのためには、この学年ではここまでのスキルを身につけておくといった、先生向けの到達目標があった方がいいと思います」

公立小学校でICT活用を進めるときにしばしば課題となる"標準化"の問題について藤原先生はそう指摘する。

「大和田小では『タブレット端末スキル表』というものを作っていて、例えば1年生では写真が撮れる、2年生なら取捨選択ができるといったよ

うに、1つのアプリでも少しずつレベルを上げていくような目標を設けています。先生たちが共通の基準をもつことで、学年を跨いだ6年間の指導計画を描くことができ、それぞれの先生にとっても毎回の指導の目安になります」

さらに大和田小学校が学校全体としてICT活用に取り組めている要因には学校としての風土も大きく関わっているという。

「大和田小の何が一番よかったかというと、先生たちがお互いの授業を見合うんです。公開授業の前には模擬授業を実施して、他の先生たちが生徒役になってくれます。『ICTのこういった使い方はどう?』というのを見合って互いに指摘し合う。この文化があることが、先生個人ではなく学校として前向きに取り組むことにつながっていると感じています」

小学校編 ▶ 古河市立大和田小学校

教科のねらいを達成するためのプログラミング教育

藤原先生は前年度に担任をしていた3年生の国語の授業、「ゆうすげ村の小さな旅館」という単元の中で、プログラミングを用いた実践を行ったそうだ。

「全体として11時間ほどの単元なのですが、最後の2時間を使って表現のツールとしてプログラミングを取り入れた授業を行いました。ここでの学習のねらいは『しかけ』と呼ばれる物語の伏線を見つけながら、物語のできごとを読み取っていくことです。そこで、『しかけ』を入れた物語を子どもたち自身が作成。プログラミングを用いて電子紙芝居の形にして発表します。自分で作成した物語やプログラムを、友達と話し合いながら加筆や修正をくり返し、クラス全体で共有していきました」

電子紙芝居を作る際に使用されたのはiPadアプリの『ScratchJr（スクラッチジュニア）』。紙のワークシートに絵コンテを書いてから、アプリを使ったプログラミング作業に入るなど、アナログとデジタルの両方をうまく組み合わせながら授業を進めていったという。

「いままでだったら、何度も紙に書いて消すという作業が必要だったのですが、プログラミングを使えば何度でもトライアンドエラーをしながら作品を作ることができます」

プログラミング教育を行うことのメリットについて藤原先生はそう語る。

「思考がイメージしやすくなり、対話的な学びが取り入れやすくなるというのもプログラミング教育の魅力です。そして何よりも授業が楽しくなる。国語が苦手だった児童が意欲的に取り組むようになり、『先生、次は国語の授業?』と訊かれるようになりました」

ICTを使用しないアンプラグドプログラミングとは

大和田小学校では、主に低学年の児童を対象として、ICTを使用しない『アンプラグドプログラミング』にも取り組んでいる。

「2年生でフローチャートが書けるってすごいですよね。私も本当に感心しました。子どもたちは授業中もまったく手助けなくやっていましたし」

藤原先生は、算数の公開授業で行なった「形をしらべよう」の授業を振り返り、子どもたちの成長ぶりにそんな感想をもらす。

「分岐の考え方を使うことで、図形の構成要素や定義、性質に着目し、これまでの授業で学んでき

ScratchJrを使った電子紙芝居作りの公開授業。多くの大人たちを前に堂々と発表をする姿も。

対話的な学びが取り入れやすくなるのがプログラミング教育の魅力。国語が苦手な生徒も意欲的に取り組むように。

ふだんからお互いの考えを共有し、考えを練り合う中で
ちがいに気づくことを大切にしています。

た長方形や正方形、直角三角形を見分けることをねらいとしました」

前の授業で習った図形の特徴を全体で確認したあと、児童たちは3〜4名のグループに分かれる。そこで互いに話し合いをしながら、それぞれの班に用意されたホワイトボードにフローチャートを書き出していく。

「フローチャートを書く際に、分岐の中に『辺の数』や『直角』といった抽象化した用語を入れることで、より明確に図形の特徴を考えることができるようになるんです」

フローチャートができあがると、付箋紙に書かれたいくつかの図形をそこに照らし合わせて分類。続いて、別の班の児童に対し、自分たちがどのような考えでそのフローチャートを作ったのかを発表する。

「ふだんからお互いの考えを共有し、考えを練り合う中でちがいに気づくことを大切にしています。友達の意見を聞いて加筆・修正する。プログラミングでいうところの『デバッグ』の作業にあたります」

教科の枠を超えた系統的なプログラミング教育へ

「この授業に至るまでに、子どもたちはフローチャートをいっぱい書いてきたんです」

児童たちと春から重ねてきたアンプラグドプログラミングの実践を思い起こしながら藤原先生はそう語る。

「算数で筆算を学ぶときには『シーケンス』の考え方を、また国語のある単元の中では『抽象化』をというように、さまざまな教科や単元の中で系統性をもたせてプログラミングを教えてきました。そのゴールの1つとして設定していたのがフローチャートだったんです」

そうして書けるようになったフローチャートは、子どもたちにとって日常的な思考の共有手段になっているという。

「児童が『先生、ホワイトボードを貸してください』というので渡してあげたら、数分でササッとフローチャートを書いて1年生のところに走っていきました。何かと思ったら、それを使って1年生に『ドロケー』のやり方を教えていたんです。子どもたちが、頭の中で整理して物事を捉えるということを、当たり前にできるようになったのだと実感できた瞬間でした」

また、今回の公開授業でフローチャートに挑戦することになったのには、児童たちからの要望もあった

図形を区分するためのフローチャートを班ごとで話し合いながら作成。完成したら他の班やクラス全体に対して発表する。

小学校編 ▶ 古河市立大和田小学校

のだとその背景を明かす。

「もともとはシーケンスを使った内容を扱う予定でいました。でも、公開授業の1週間前に子どもたちに相談してみたところ、『フローチャートをやらせてください』『僕たちはフローチャートがやりたいです』と返ってきたんです。子どもたちの言葉を聞いてみると、『学びやすい』というのがその理由でした。失敗して子どもたちに恥をかかせたくないという気持ちもあって迷いはしたのですが、最終的に子どもたちを信じることに決めました。そして公開授業のわずか3日前に指導案を変更することになったのです」

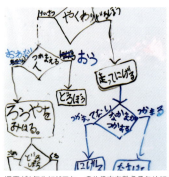

児童が1年生にドロケーのやり方を教えるために作ったフローチャート。

続けることで見えてきた子どもたちの成長

「最初のうちは、プログラミング教育を行うことで身につく一番の力はコミュニケーション能力だと考えていました。実際、子どもたちの中で目に見えて伸びたのがその部分だったのです」

その後もプログラミング教育の実践を続ける中で、しだいに子どもたちが成長するポイントにも変化が見えてきたと藤原先生は分析する。

「後になって、だんだんと身についてきたのが『思考力』でした。これこそが次期学習指導要領で謳われているプログラミングの目的だったんだなと、最近になってやっと理解できました」

プログラミング教育の成果は学習以外の面にも好影響を与えているという。

「実は去年、うちの学級はクラス全体として落ち着きのない状態になった時期がありました。それが今年に入ってからは、授業での姿勢はもちろん、生活面においても落ち着きを取り戻すことができました。思考力が鍛えられたことで、子どもたちが物事を細分化し、筋道立てて考えられるようになってきた証拠だと思います」

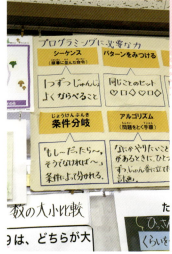

教室に貼られたプログラミングに関する掲示物。日常の中でプログラミング的思考が養われている。

身の回りにあるプログラミングを探そう

「まずは先生自身が楽しむことが大切です。プログラミングと聞くと『難しそう』といったイメージがあるかもしれませんが、小学校での授業で扱うプログラミングにコーディングの知識は必要ありません。ですから、子どもたちと一緒にプログラミングを遊びながら使い倒してもらえたらと思います」

プログラミングは特殊なものでなく、誰でもふだんから身の回りで目にし、行っているものだと藤原先生は語る。

「例えば、『雨が降りそうだったら、家を出るときに傘を持っていく』と

「プログラミングを学ぶ」のではなく、「プログラミングで学ぶ」という視点をもって、まずは教科の中でプログラミング教育の第一歩を踏み出してもらえたらと思います。

大和田小で作成したタブレット端末スキル表。5年生なら「1分間で10文字程度打つことができる」(文字入力)など、6つのカテゴリで学年ごとのICT到達基準が設定されている。

いうのも分岐の1つです。料理の手順なんかまさにシーケンスそのもの。そういった日常のプログラミングを探すことから始めていくことが大切です」

大和田小学校ではプログラミング教育を導入することで、先生たち自身の授業力向上にもつながったという。

「私たち教員が、プログラミングをどこに活かせるかを常に意識するようになったことで、教材研究を進めることにもつながりました。『プログラミングを学ぶ』のではなくて『プログラミングで学ぶ』という視点をもって、まずは教科の中でプログラミング教育の第一歩を踏み出してもらえたらと思います」

動画でCHECK! ▶『iTeachers TV ～教育ICTの実践者たち～』 ▶YouTube

【Vol.66】藤原 晴佳 先生
(古河市立大和田小学校) 前編
https://youtu.be/CHf0r79kA5A

【Vol.67】藤原 晴佳 先生
(古河市立大和田小学校) 後編
https://youtu.be/sEyR-GEPzOg

小学校編 ▶ 古河市立大和田小学校

"新しい学び"をつくる！「実践ツール&活用法」紹介 **おすすめ**

プログラミング教育の実践や思考力を養う授業で役に立つ、藤原先生おすすめのアプリ&ツールとその活用法を一挙公開

ピョンキー

開発元・販売元	SoftUmeYa
カテゴリ	アプリ
価格	無料

ビジュアルプログラミング言語「Scratch」をベースにしたアプリ。ブロックの組み合わせでゲームや物語を作ることができる。大和田小では主に3～4年生の授業で活用。

Sphero SPRK+

開発元・販売元	Sphero
カテゴリ	ロボット
価格	18,144円

プログラミングで動かすことができるボール型ロボット。ロボットの軌跡を表示することができ、多角形の性質を理解するのに役立つ。大和田小では主に高学年の授業で活用。

まなボード

開発元・販売元	泉
カテゴリ	ツール
価格	OPEN

持ち運びができるホワイトボード。マーカーで書くだけでなく透明フィルムに写真や紙を挟みこむことが可能。フローチャートの他、グループで思考を共有するシーンで使われている。

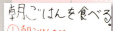

ScratchJr

開発元・販売元	Scratch Foundation
カテゴリ	アプリ
価格	無料

シンプルなブロックの組み合わせで低学年でも簡単にプログラミングが行えるアプリ。国語だけではなく、算数の文章題をビジュアル化するといった活用もしている。

ScratchJrは、タフツ大学のDevTech研究グループ、MITメディアラボのthe Lifelong Kindergartenグループ、the Playful Invention Companyの共同制作です。

"新しい学び"をつくる！おすすめ「実践ツール&活用法」紹介

ロイロノート・スクール

開発元・販売元	LoiLo
カテゴリ	アプリ
価格	480円〜（ユーザー/1年）

PCで作成したマス目のPDFをロイロノート・スクールに取り込み作図の練習。フリーハンドでくり返し書くことができるため、児童の図形に対する理解が深まる。

Codeable Crafts

開発元・販売元	ベネッセコーポレーション
カテゴリ	アプリ
価格	無料

お絵描きとプログラミングでデジタル絵本を作ることができるアプリ。大和田小では主に低学年の授業で活用している。写真を簡単に取り込むことができるのが特徴。

ルビィのぼうけん

開発元・販売元	リンダ・リウカス/翔泳社
カテゴリ	書籍
価格	1,944円

好奇心旺盛な女の子ルビィが、宝石集めを通してプログラミングに必要な考え方にふれるという「アンプラグド」を扱った絵本。大和田小におけるアンプラグド・プログラミング実践のベースとなっている。

MetaMoJi ClassRoom

開発元・販売元	MetaMoJi
カテゴリ	アプリ
価格	実証実験校は無料（期間限定）

道徳の授業の中でディスカッションのツールとして活用。児童たちの意見を付箋に書いて1つの画面で共有。マトリクス上でリアルタイムに個々の生徒の意見が移動していく。

●掲載情報は2018年2月1日段階のものです。名称やアイコン、価格などは変更される場合があります。価格は税込表示となります。

ICT活用講座① ▶ 教育現場で使えるiPadアプリ講座

選ぶアプリによってまったくちがう道具に変身するのがiPadの魅力。その一方で「たくさんありすぎてどのアプリを選んだらいいのかわからない」という声も少なくない。教育現場で使えるアプリにはどんなものがあるのか。失敗しない「アプリ選びのポイント」を紹介する。

01. 教育現場で一番使えるアプリは？

ワンポイントその1　まずは「カメラ」を使おう！

カメラ
開発元　Apple
価格　無料

AppStoreには数百万にもおよぶアプリが並んでいます。その中で教育現場で最も使えるアプリはいったいどれでしょうか。答えはズバリ『カメラ』です。例えば、プレゼンや発表の練習をするときに、その様子をカメラで撮っておけば自分自身の様子を客観的に見ることができます。また、『CMV (CoachMyVideo)』のようなアプリを使うと2つの動画を比較することも可能です。実際、千葉県立袖ヶ浦高等学校のような先進校でも、プレゼンの練習をする際に互いにカメラ撮影するといった使い方をしています。難しく考えるのでなく、まずは「カメラを使って何ができるかな」というところから活用を始めてみてはいかがでしょうか。

02. 自作の教材を提示しよう！

電子黒板やプロジェクターで自作の教材を提示するにはどんなアプリを使ったらいいのでしょうか。まず思いつくのがアプリ版の『Microsoft PowerPoint』を使う方法。PCで作ったスライドをそのまま使えますが、「拡大・縮小ができない」「決まった順番でしか動かせない」というのが弱点です。そこで使ってみてほしいのが『AC Flip Pro』というアプリ。PDF化した教材を取り込んで付箋を貼ることができます。テレビの情報番組で目にするフリップボードのイメージですね。これなら生徒の反応を見ながら、好きな順番で付箋を剥がしていくことが可能です。板書時間を圧縮することで、生徒が主体的に学べる時間を生み出しましょう。

ワンポイントその2　PDF教材の提示で板書時間を圧縮！

AC Flip Pro
開発元　NIPPON INFORMATION
価格　840円

小池　幸司 氏　教育ICTコンサルタント

2011年3月、他の学習塾に先駆けてiPad導入を実現。教育現場におけるICTの導入・活用を推進すべく、講演や執筆活動を通じて自社のiPad導入事例やノウハウを発信。2013年3月にはiPad×教育をテーマにした初の実践的書籍「iPad教育活用 7つの秘訣」をプロデュース。NPO法人 iTeachers Academy 事務局長

03. 学習者向けのアプリって?

生徒からのニーズも高い「辞書アプリ」。どんなものを選べばいいのでしょうか。例えば、小学生向けの漢和辞典であれば『常用漢字筆順辞典』がおすすめ。手書きで書いた漢字を検索できるほか、漢字をなぞって「書き順」を学ぶことができます。また、中高生に必須の英和辞典であれば、まず『Google翻訳』を試してみてはいかがでしょう。「テキスト翻訳」モードにすれば、手書きで書いた単語や文を認識してくれます。また英単語や英文の読み上げ機能を使ってすぐに発音を確認できるのもポイント。辞書アプリは非常に身近なものですが、生徒にとっては自ら学ぶ上での大きな武器となります。学習者主体の授業を始める第一歩として活用してみてください。

ワンポイント その3 生徒主体の授業は辞書アプリから!

 常用漢字筆順辞典
開発元 NOWPRODUCTION
価格 600円

 Google 翻訳
開発元 Google
価格 無料

04. 協働学習で使えるアプリとは?

グループ学習で用いられるアナログツールの代表に「付箋紙」がありますが、iOSアプリの『Post-it® Plus』を使えば正方形のポスト・イット®ノートを瞬時にデジタル化することができます。電子黒板やプロジェクターに投影して、そこに書かれた小さな文字を皆で共有することが可能になるのです。また『AC Board』というアプリを使うと、4台のiPadをつなげてカードや写真などを相互にやりとりすることができます。さらに『Post-it® Plus』で画像化した付箋を、『AC Board』に取り込むといった連携テクニックも可能。アナログとデジタルの"いいとこ取り"で効果的な協働学習を実現しましょう。

 Post-it® Plus
開発元 3M
価格 無料

 AC Board
開発元 NIPPON INFORMATION
価格 720円

ワンポイント その4 アナログ×デジタルが協働学習の鍵!

05. プレゼンテーション(発表)しよう!

プレゼンテーション用のアプリといえば『Microsoft PowerPoint』や『Keynote』が有名ですが、操作性や文字入力を考えると小学生にはちょっと敷居が高め。そこでおすすめなのが学校現場で定評のある『ロイロノート』。カメラロールの写真でつくる「写真カード」、手書きの文字や絵でつくる「手書きカード」など、小学生でも簡単にカード(スライド)を作成することができます。また、できあがったカードを指でつないで、後からスライドショーの順番を決めたり、入れ替えたりできるのもポイント。操作説明のいらない直感的なプレゼンアプリを使って、子どもたちの表現力を引き出す授業を組み立ててみてはいかがでしょうか。

ワンポイント その5 直感的なアプリで表現力をつける!

 ロイロノート
開発元 LoiLo
価格 600円

●掲載情報は2018年2月1日段階のものです。名称やアイコン、価格などは変更される場合があります。価格は税込表示となります。

誌上座談会① ▶ プログラミング教育

プログラミング教育の必修化目前。
誌上座談会 〜プログラミング教育〜

2020年の小学校でのプログラミング教育必修化を前に、「研究開発」「公教育」「私教育」それぞれの立場で先進的にプログラミング教育に関わっている方々に集まってもらいプログラミング教育座談会を開催した。それぞれの経験をベースに、これからプログラミング教育に関わる先生たちへのアドバイスを語ってもらった。

——いよいよ目前に、小学校でのプログラミング教育の必修化が迫ってきましたが、みなさんはいま、どのようにプログラミング教育と関わっているのでしょうか。

阿部 大学の他、教員研修や子ども向けワークショップ、オンラインコミュニティなどで活動しています。Scratchのコミュニティは、日本で25万人、世界では2,500万人います。その子たちにとって、オンラインは"リアルな場"です。

平井 教育コンサルタントとして関わっている自治体の学校に行って、プログラミングとはどんなものか、チーム・ティーチング（TT）で子どもたちに直接教えています。先生たちも授業で子どもの様子を見ていると、「自分もやってみたい」と

なるので、そうして先生たちの最初のハードルを越えさせています。また、先生だけのワークショップも同時並行でやっています。

福原 子どもたちのためのプログラミング教室「STAR Programming SCHOOL」で講師をしています。私たちのスクールでは、「子どもた

ちが作りたいと思うものを、企画書として書かせて、クラスメイトと相談しながら作っていく。そして、できたものを他の人に発表する。」ここまでを総じてプログラミング教育としています。先生方への研修では、プログラミングのスキルだけでなく、「子どもが自発的に考えるようになるには」ということを意識し

者が語る成功の鍵とは。

阿部 和広 先生（青山学院大学）
1987年より一貫してオブジェクト指向言語Smalltalkの研究開発に従事。パソコンの父として知られSmalltalkの開発者であるアラン・ケイ博士の指導を2001年から受ける。Squeak EtoysとScratchの日本語版を担当。近年は教員と子ども向け講習会を多数開催。著書に「小学生からはじめるわくわくプログラミング」（日経BP社）他、プログラミング教育番組「Why!?プログラミング」（NHK）のプログラミング監修等を行う。

平井 聡一郎 先生（情報通信総合研究所）
古河市教育委員会参事兼課長、文部科学省教育ICTアドバイザー、茨城大学非常勤講師等。茨城県公立小中学校勤務、茨城県教育委員会指導主事、小中学校の管理職を経て現職。古河第五小学校校長時代から、ICT機器を活用した授業改革をテーマに取り組む。現在は教育コンサルタントとして、関わっている自治体の学校に行って、先生向けの研修講師だけでなく、チーム・ティーチング（TT）で子どもたちに直接教えている。

福原 立士 さん（STAR Programming SCHOOL）
株式会社チアリー プログラミング教育事業部長。コンピュータの専門学校でのプログラミング講師を経て、学校教材および教育系図書の出版社で教育サービスの企画開発に従事。現在は子ども向けのプログラミング教室「STAR Programming SCHOOL」の事業責任者で、講師としても活動中。

成になっていますが、この知見は現場の活動から得られたものです。

平井 私は、『わくわくプログラミング』があるから、先生たちにScratchを薦めていますよ。先生も本がある方が勉強します。だから、資料があるものを選んだほうがいいな、と思っています。それに、失敗することが織り込まれているから、未経験の先生にとっても有益だと思います。

福原 TV番組や書籍でScratchに興味をもってスクールに通い始めた子どもたちも多いですね。

——小学校でのプログラミング教育の必修化については、どう考えていますか？

阿部 機会の平等という点では評価しています。しかし、プログラミングは、子どもたちがアイデアを形にするための手段です。順次や分岐などは、それが必要になってから学ぶもので、「試験に出るから」ということから教えるものではありません。そこを取り違えないことを期待します。

平井 「自分の意思で考えること」は楽しい、ということを子どもたち

てもらうようにしています。

阿部 私が執筆した『小学生からはじめるわくわくプログラミング』やプログラミング監修をしているEテレの『Why!? プログラミング』は、徹底した子ども目線で作られています。これらは、いずれも最初に登場人物が失敗してから、それを直す構

誌上座談会① ▶ プログラミング教育

2017年10月。Maker Crnival Shangai 2017での招待講演。(写真上)
青山学院大の学生たちとMaker Faire Tokyo 2015に出展。
場所は東京ビッグサイト。(写真下)

Scratchの開発者ミッチェル・レズニック教授と。場所はMITメディアラボ。持っているのはiPad版ScratchのPyonkee。

にわからせたいですね。勉強は楽しい、と同じ。考えて結果が出てくる、それは楽しいことですよね。そういう場が、今までの学校でどれだけあったでしょうか。勉強はつらいもの、我慢するもの、となってしまっています。

福原 スクールに見学に来られる保護者の中には、なぜ小学校にプログラミング教育が導入されるのか疑問をおもちの方は多いですね。そちらへの理解も必要だと思います。

——プログラミング教育の現場での子どもたちの様子で、何か気づくことはありますか？

阿部 あるワークショップに参加したときに、「先生が喜ぶものを作って、その後で遊ぼうぜ」という子どもの言葉を聞いて驚いたことがあります。子どもたちは、大人が期待することを理解している。そして、それが自分のやりたいこととは違うことも知っている。この二重化された思考構造に驚きました。カリキュラム開発の場面に子どもがいないというのはおかしいと思っています。

平井 ワークショップや授業をやると、子どもたちはすごく伸びていきます。だからこそ、今年作ったカリキュラムが、来年は使えないということになります。指導計画は毎年作っていかなくてはなりません。子どもたちの姿を見ながら、柔軟に変えていくということが必要だと思いますね。

福原 とにかく子どもたちの発想力は大人のそれを超えていますよね。大人の思考で考えた教育プランが果たして有効なのか、常に注意をし続けなくてはいけません。

阿部 先生が変われればいいと思いますね。今は、従来の指導方法に寄せるのが主流です。例えば、先生は正多角形の作図に単元目標を達成したい。でも、子どもたちは色々な数字を入れてどんな絵になるか見てみたい。子どもたちのこの思いに反して、先生が「"120"と入力しなさい」と言う指導が各地で行われています。これだと、逆効果だと思います。

動画でCHECK! ▶ 『iTeachers TV 〜教育ICTの実践者たち〜』 ▶ YouTube

【Vol.88】阿部 和広 先生
(青山学院大学) 前編
https://youtu.be/wfglo7pThwc

【Vol.89】阿部 和広 先生
(青山学院大学) 後編
https://youtu.be/PyfB3Odo4Gg

福原 この値を入れなさいと言っても、まず子どもたちはおもしろがって"999999999…"とかを入れますけどね。

——コンピュータを使わない、アンプラグドでのプログラミング教育についてはどう思いますか?

平井 先生たちがプログラミングを知らない状態で、プログラミング的思考を教えなければならないので、その入り口としてアンプラグドでのプログラミング教育も行っています。アンプラグドでは、例えば掃除のやり方と手順をグループで考えてもらい、その後でグループ間で交流して修正、つまりデバッグします。子どもたちは、デバッグをあまりしないですよね。「やり方や手順を直してあげよう」とデバッグすることを通じて、クリティカルシンキングが自然とできるようになりますね。いくつかのグループをグルっと回って、自分のプログラムが戻ってくると、たくさんデバッグのコメントが書かれていて、今までなかった考え方が身につくようになります。

阿部 逆に言うと、そこまで行かないとダメではないかと思います。「機材がない、予算がないからアンプラグド」というのはちょっと危険です。「教育的な効果があるからアンプラグド」とならなければなりません。

平井 子どもたちも先生も段階を踏むことが大事です。アンプラグドから始まって、ビジュアル言語へと進むようにしなくてはダメですね。アンプラグドで終わってはダメです。

——小学校でプログラミング教育を実践するときに気をつけなければならないことには、どんなことがありますか?

STAR Programming SCHOOLでの「企画書」制作練習の一コマ。繰り返し行うことで自分のイメージ通りのプログラミングが行えるようになる。

福原 Scratchなどのビジュアル言語はリアルタイムにキャラクターを動かすことができるので、偶然の産物としておもしろい表現を行うことができますが、これは論理的思考ではありません。私たちは子どもたちにはとにかくまず企画書を書くこと、これを徹底しています。企画書を作るのは、自分の考えをまとめること、そして人に伝えるための表現をするということです。最初、子どもたちは企画書を作るのをいやがりますが、グループワークを通じて企

STAR Programming SCHOOLでの「作品発表会」の一コマ。プレゼンテーション練習もプログラミング教育の一環。

誌上座談会① ▶ プログラミング教育

茨城と熊本の小学校を結んでオンラインで行ったプログラミング授業の様子。MacとZoom、iPadの組み合わせ。

教育委員会主催の講演にて。スライドは「掃除のやり方と手順」を題材としたアンプラグド・プログラミングの実践事例を紹介。

企画書を書きながら、だんだん内容を深めていくことができるようになっていきます。

阿部 企画書を書く作業は、2周目まで回って初めてスパイラルになりますよね。こういうスパイラルな構造を、学習活動の中に入れられないですかね？今のプログラミングはだいたい単元が終わったら終わってしまいますから。スパイラルな構造になるように、オープンエンドなプロジェクトに持っていくべきだと思いますね。

平井 プロジェクトベースにしないとダメですね。教科の中に入れると、どうしてもぶつ切りになります。

阿部 年間指導計画から変わらなければだめでしょうね。ある単元の中で1時間やるだけとかではなく、1年間とか6年間を通して何かを達成するようになればいいと思います。

平井 1年間ですらも、先生たちはそんなイメージを持てないんじゃないですかね。学習指導要領が変わるタイミングで、先生たちの考え方が変わればいいと思います。

――プログラミング教育必修化の成功の鍵は、計画を立ててとにかく先生方からやってみる、ということですね。本日はどうもありがとうございました。

動画でCHECK! ▶『iTeachers TV ～教育ICTの実践者たち～』 ▶ YouTube

【Vol.114】平井 聡一郎 先生（情報通信総合研究所）前編
https://youtu.be/T0Bda_A6Eo0

【Vol.115】平井 聡一郎 先生（情報通信総合研究所）後編
https://youtu.be/lBOVNLKVeBg

中学校編

教員の長時間労働の原因となる部活動の問題など、いままさに構造的な改革が求められる中学校の現場。ICTの導入においては、公立と私立との間で大きな開きが生まれつつある。バランスのとれた進化へ向け、いまこそ新たな一歩を踏み出す時期にきている。

P36
活用事例3　中村　純一 先生／佐賀市立大和中学校

P42
中村先生おすすめ「実践ツール&活用法」紹介

P46
活用事例4　反田　任 先生／同志社中学校

P52
反田先生おすすめ「実践ツール&活用法」紹介

中学校編 ▶ 佐賀市立大和中学校

7つの秘訣 その3

押し付けはしない。目の前の生徒に「フィット」する学びを!

中村先生が個人購入した6台のiPad。学校長からの許可を得て、2013年から授業等で活用を開始。

英語教育　道徳教育　協働学習

部活動や高校入試など、変化への障壁が多くICT導入が遅れる公立中学校。一人1台のデバイス導入が進む私学とのギャップが広がりつつある。現状を打破する手立てはあるのか。一人の実践者の挑戦からその可能性を探る。

早くからタブレット導入を進め、国内でも有数の教育ICT先進県として知られる佐賀県。しかし、佐賀市の市立中学校では、2014年9月になって、ようやく電子黒板とノートPCが各教室に設置されたという。そんな環境のもと、自費購入したiPadを用いて新しい学びに挑戦しているのが佐賀市立大和中学校の中村純一先生。その実践は公立中学校ならではのICT活用スタイルを築きつつある。

触ってわかった可能性
自費で6台のiPadを購入

「実はiPadが出たとき、どうせ使えないだろうと、最初は見向きもしなかったんです」

iPadが発売された当初、どちらかというと否定的な見方をしていたと明かす中村先生。

「閉じたノートPCの上に教科書数冊を乗せて持ち上げようとしたところ画面を割ったことがあり、それがトラウマで、iPadもどうせすぐ壊れるだろうと考えていました」

先進校のやり方を当てはめるのではなく、
対話をもとに生徒たちにフィットした活用法を見つけようと思ったのです。

しかし、たまたま足を運んだ家電量販店で実際にiPadを手にして、その考えは一変したという。

「触った瞬間に『これは割れない』『使える』と感じて即購入しました。それからというもの、いつもiPadをどうやって使おうかと考えるようになって、もう一緒に寝るくらいの感覚で使い倒していました」

そして2013年の春。佐賀市立大和中学校に赴任した中村先生は、新品のiPadを6台、自費で購入する。

「当時、本校にはタブレットはおろか電子黒板もなく、プロジェクターが2台あるだけ。しかも1台は壊れているという状況でした。でも、自分が思い描いてきた学びを実現したい。その想いから妻にも無理を言って、購入すること決心をしました」

理想と現実とのギャップ
公立中学校ならではの壁

意を決してスタートした授業でのiPad活用だったが、当初はうまくいかないことの方が多かったと中村先生は語る。

「当時は電子黒板もなかったですし、40人学級の場合、6台だとグループに1台もきびしい。何より生徒たちの操作スキルの差が大きくて、先行する学校と同じことをやろうとしてもうまくいきませんでした」

ICT活用を進めていくにしたがい、そこには公立中学校ならではの壁があることを実感したという。

「おもしろがって使う生徒がいる一方で、『これをやって何になるの?』という疑問を口にする生徒もいました。どうやったらテストでいい点数が取れるのかを強く意識する生徒も少なからずいたのです」

目の前にいる生徒たちの声に耳を傾けるべきと感じた中村先生は、有志の生徒を集め、非公式の「iPad委員会」を立ち上げる。

「彼らにパソコン室に来てもらい、『iPadを使ってこんなことしたいとかある?』『いま気に入っているアプリを教えて』といったヒアリングをしました。先進校のやり方を当てはめるのではなく、対話をもとに生徒たちにフィットした活用法を見つけようと思ったのです」

当初は5〜6人に1台のiPadだったため、使うことを遠慮する生徒も多かった。

中村 純一 先生

iPadの多様な可能性を活かした教育活動の工夫に取り組む。ICT機器利活用の敷居を下げながら、相談を受けた先生方の支援をモットーとしている。近年、Apple Distinguished Educatorに認定され、iBooksの出版、世界中の教育者との連携、教育改革に取り組む。研究分野は道徳教育、プログラミング教育、統計教育、演劇教育、情報モラル教育。

中学校編 ▶ 佐賀市立大和中学校

iPadが与えるインパクト 生徒の心に届く道徳の授業

「3Dプリンタで出力した立体模型を医学の発展に役立てている杉本真樹医師のプレゼンテーションを見て、2年生の道徳の授業でiPadを活用することを思いつきました」

道徳の授業でiPadを用いるようになったきっかけを中村先生はそう振り返る。

「文化発表会で『生命尊重』をテーマにした学年劇を行ったばかりでしたので、まずはその内容を振り返り、命の大切さについて考えました。そして、母親の胎内で成長していく胎児の様子をiPadを使って見せてみました」

使用したアプリは『Sprout（スプラウト）』という母親向けの妊娠・出産情報アプリ。1週目から43週目までの胎児の様子が3Dで画面に表示され、胎児の心音も聞くことができる。

「電子黒板だとある程度の距離をもって届く音を、iPadだと直接耳元で聞くことができるのです。たったそれだけの差でも、生徒の心に与えるインパクトはまったくちがうものになります」

その後、杉本医師より借りてきた母体の3Dプリントモデルを教室の真ん中に置いたところ、生徒たちにある異変が起こったと中村先生は語る。

「その光景を見た瞬間、ドキッとしました。生徒たちの表情がとても穏やかなものに変わったのです」

胎児の心音を耳元で聞き、3Dプリントモデルで母胎内の様子を目にしたことで、生徒たちの中に「胎内回帰願望」のようなものが沸き起こったのではないかと中村先生は分析する。

「生徒の心にインパクトを与えるための教材提示ツールとして活用することで、iPadは道徳の授業をより深いものにしてくれます」

教えない英語の授業 シェアで深まる学び

小学校で外国語活動が行われるようになり、英語への抵抗感の少ない生徒が増えてきたことを受けて、中村先生は新たな授業スタイルに

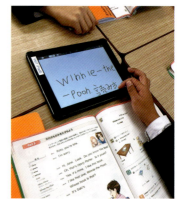

挑戦している。

「『教科書の90〜93ページの内容について、2回の授業時間でどんな質問をされても答えられるようにしてください。』最初にそんなミッションを生徒に出してみました」

生徒たちは8つの班に分かれ、教科書やワーク、紙の辞書などを用いながら、本文・単語の意味や読み方、またそこに書かれた内容についてそれぞれ学習していく。

「まったく教えていない内容ですから、当然わからないことが出てきます。自分で調べてわからなければ、まず班のメンバーに聞く。そして班でもわからないときは他のグループに質問を上げます」

ここで班ごとに置かれたiPadが大きな役割を果たすのだと中村先生は説明する。

iPadで胎児の心音を聞き、3Dプリンタモデルを間近で目にしたことで生徒たちの表情に変化が。

わかったことをシェアして、他者と共有しながら
学習を進めることで学びが深まるのではと考えました。

班のメンバーに相談してもわからなかった質問は、「ロイロノート」のトンネル機能を使ってクラス全体にシェア。

アナログSNSで下地作り「シェアする」意味を学ぶ

「わかったことをシェアして、他者と共有しながら学習を進めることで学びが深まるのではと考えました」

iPadを用いた協働学習型の授業スタイル。そのねらいについて中村先生はそう説明する。

「ただ、いきなりiPadを使いはしませんでした。まだ中学1年生ですから、必ずしも全員が『シェアする』という言葉の意味を正しく理解しているわけではありませんからね」

そこで下地作りのために中村先生が考えたのが『アナログSNS』という手法だ。

「グループ学習の時間に、わからないことを黒板に書いてもらうようにしました。『Q』という吹き出しには質問を、『A』という吹き出しには質問に対するヒントを生徒たちが書いていきます」

こうして黒板に書き出されたQ&Aは、質問者だけでなく、同じ疑問を持っていたけれど質問できなかった生徒にとっても役立つ情報になるという。

「また、どういうヒントを出せば相手に伝わるのか、理解しやすくなるのかを生徒たちが考えるようになりました。この下地作りをしておいたからこそ、いざロイロノートを使った協働学習を行った際にも、問題のある投稿やカードのやりとりは一切ありませんでした」

「『ロイロノート』のトンネル機能を使って、他の班に質問カードをシェアするんです。例えば、1班で疑問に思ったことをクラスのトンネルに送ると、2班〜8班のiPadに一瞬でそのカードが届きます」

他の班では競うようにして、その質問に対するヒントをクラスのトンネルに送り返すという。

「こうして8つの班から質問とヒントがどんどん飛び交います。いわばSNSを通じた協働学習の場を教室の中に作っている格好です」

中学校編 ▶ 佐賀市立大和中学校

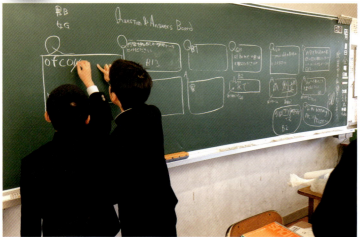

SNSに不慣れな中学生に対し、黒板を使ったアナログSNSで「シェア」することの意味を事前学習。

さらに、この授業スタイルに変えたことで生徒たちの授業に取り組む姿勢にも変化が出てきているという。

「自分の学習にしか関心を持たなかったような子が、他の生徒の様子を見ながらヒントを出すようになりました。逆に英語が苦手な生徒が堂々と質問をするようになった。できるできないに関わらず、それぞれに役割が生まれ、これまで以上に主体的に取り組むようになったと感じています」

押し付けずに変えていった教員のICTへの意識

生徒ばかりでなく、教員のICTに対する意識もここ数年で大きく変わってきているという。

「私が赴任した当初は、ICT機器が十分にそろっていないこともあり、あまり乗り気でない人も多かったです」

中村先生は、そういった教員に対し自分の考えを押し付けたりはせず、ICTで困っている人がいないか常に耳をすませていたと話す。

「『こんなことできないかって思っているんだけど、どうすれば…』という声を耳にした瞬間、そっとiPadを持って近づいては『こんな方法がありますよ』とさりげなく提案するようにしていました」

そうして教員が関心を持ってくれたら、初めてじっくりと使い方を教えたり、一緒にやってみたりしていたという。

「そんな地道なことを続けてきた結果、この3〜4年の間に10人ほどの先生がタブレットを購入されました」

また、剣道部の顧問の先生がiPadの動画撮影の手軽さに関心をもったため、中村先生自身のiPadを2台ほど貸したりもしたという。

「剣道の試合で観客席から相手チームを撮影して、戦い方を分析するのに使っていたそうです。その結果、本校女子剣道部が2017年度の全国中体連剣道大会において優勝。日本一に輝きました。もちろん、iPadのおかげということではありませんが、少なからず選手たちの助けになったのではないかなと思います」

生徒が先生に教える場面も 校内研修で見た一筋の光明

部活動や学校行事でも使えると示してきたことが評価され、2017年の冬、教員向けの校内研修でiPadを使った『タブレットPC体験研修』を実施することとなる。

「2018年度に40台のタブレットが本校に導入されることが決まりました。そこでタブレット活用のイメージを持ってもらうための研修を僕が担当することになったのです」

サポート役の生徒と教員とが一緒になってICTの活用法を学ぶ機会となった「タブレットPC体験研修」。

できるできないに関わらず、それぞれに役割が生まれ、
これまで以上に主体的に取り組むようになったと感じています。

　模擬授業や体験コーナーを中心とした参加型の研修にしようと考えた中村先生。しかしここで新たな問題にぶつかる。
「自分自身が模擬授業に入ってしまうと、どうしてもサポートの人員が足りない。そこで僕が顧問をしているパソコン部の1〜2年生にサポートに入ってもらうことにしました」
　こうして実現した校内研修では、教員と生徒が一緒になって学ぶ光景が随所に見られたという。
「タブレットを触ったことがある教員もそうでない教員も前のめりになって、楽しみながら体験していました。そして盛況のうちに研修会は終了。閉会のあいさつで、部長である女子生徒が口にした言葉が印象的でした」
『先生方にはタブレットPCを使うことがとても便利だということを知っていただきました。もしよかったら、今後、授業中にタブレットを使って勉強する場面を少しでも作っていただけたらなと思います』

動画でCHECK! ▶『iTeachers TV 〜教育ICTの実践者たち〜』　YouTube

【Vol.40】中村 純一 先生
（佐賀市立大和中学校）前編
https://youtu.be/EC_MxQw072c

【Vol.41】中村 純一 先生
（佐賀市立大和中学校）後編
https://youtu.be/tGAAwhjxYLg

中学校編 ▶ 佐賀市立大和中学校

"新しい学び"をつくる!「実践ツール&活用法」紹介 おすすめ

ICTを活用した英語教育や協働的な学びの場づくりに役立つ、中村先生おすすめのアプリ&ツールとその活用法を一挙公開

Apple Pencil
- 開発元・販売元：Apple
- カテゴリ：アクセサリ
- 価格：11,664円

iPad ProとBluetooth接続で使うApple純正のスタイラスペン。絵心のある中村先生は、スケッチや絵コンテ、ちょっとしたメモなど、さまざまなシーンで活用している。

イングリッシュワードウィザード - English Word Wizard

- 開発元・販売元：L'Escapadou
- カテゴリ：アプリ
- 価格：600円

アルファベットを並べて英単語や簡単な英文の発音を確認できるアプリ。iPadに入れておけば、「先生、この単語なんて読むの?」と聞かずとも、生徒が自ら発音を調べて学習を進めることができる。

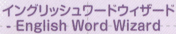

Quick, Draw!
- 開発元・販売元：Google
- カテゴリ：サービス
- 価格：無料

©Google

お題として出された単語の絵を20秒以内に描くお絵描きゲーム。絵がお題に合っているかどうかはAIが判定してくれる。出題が英語（英単語）なので楽しみながら英語学習ができる。

Swift Playgrounds

- 開発元・販売元：Apple
- カテゴリ：アプリ
- 価格：無料

Appleが提供するプログラミング学習アプリ。初心者でもステップアップで直感的に学べる。「英語のコマンドは、動詞や名詞の大意を捉えるのに、向いている」と中村先生。

"新しい学び"をつくる！おすすめ「実践ツール&活用法」紹介

Puppet Pals HD

開発元・販売元	Polished Play
カテゴリ	アプリ
価格	無料

デジタル人形劇を作れるアプリ。アフレコ機能を使って音声を吹き込むことができ、動画として出力することが可能。中村先生いわく「英語の授業で使うのであれば"2"ではなく"HD"がおすすめ」とのこと。

Flick.

開発元・販売元	ydangle
カテゴリ	アプリ
価格	無料

同一Wi-Fi内にある端末に写真やメモをさっと送れるアプリ。中村先生は道徳の授業で、生徒の手書き回答（ワークシート）をカメラで撮影、プロジェクターにつないだiPadに集めてクラス全体で共有した。

ピッケのつくるえほん for iPad

開発元・販売元	Good Grief
カテゴリ	アプリ
価格	600円

豊富に用意されたキャラクターやアイテムを使って簡単にデジタル絵本が作れるアプリ。会話を英文にすれば英語の授業での活用も可能。作品をプリントアウトして小さな紙の絵本も作れる。

スピーキング&リスニング 英語発音ドリルAtoZ

開発元・販売元	MINTFLAG
カテゴリ	アプリ
価格	無料

英語のスピーキング練習ができるアプリ。お手本の音声と自分の発音との比較を音声波形で視覚的にチェック。単語ごとに区切って判定されるのでどこがずれているかが一目でわかる。

●掲載情報は2018年2月1日段階のものです。名称やアイコン、価格などは変更される場合があります。価格は税込表示となります。

Column ②

船を作る時には、仕事を割り振るまえに、広い海に出たいという気持ちをひとびとのこころに呼び起こしましょう
（サン=テグジュペリ）

大阪大学
全学教育推進機構教授
岩居　弘樹

　ICTの教育活用には、教室で行っている活動をICTに置き換え、効率的に学習を進める道具として役立てようとする方向性と、ICTの導入によって「これまでできなかったことができるようになった」という点に注目して、新たなタスクを提案しようという方向性のふたつがあります。

　前者はコンピュータが世の中に出た時からある考え方で、多くの外国語学習アプリやサービスはこの方向で作られています。では「ICTの出現が可能にした新たなタスク」とはどのようなものでしょうか？ドイツ語教師である筆者が最初に注目したのは音声認識でした。外国語の発音は、正しいかどうか自分では判断できません。そこでこれを使えば「発音が正しいかどうか自分でチェックできるかもしれない」という期待で試験運用を始めました。ところが学生たちが「自分の発音をなんとか認識させよう」と夢中になってなんども声を出す姿を目の当たりにし、考え方が変わりました。音声認識アプリは「発音の正しさをチェックする」道具ではなく、発音に対するフィードバックを返してくれる練習パートナーになっていたのです。

　もうひとつは、ビデオ撮影。スマホやタブレット端末の出現で、ビデオは見るものではなく撮るものに

簡単に楽しいビデオを作ってシェアすることができる無料アプリ「Clips」（Apple）

なりました。筆者のクラスでは、グループでドイツ語のミニドラマやプレゼンテーションを作りビデオ撮影をしています。このタスクは撮り終わった時の達成感も大きく、記憶にも定着します。失敗しても時間の許す限り撮り直しができます。また、自分の声や姿を客観的に振り返ることができるので、成長を自分の目で確かめることもできます。

撮影したビデオはクラスで共有します。以前はYouTubeを使っていましたが、今はFlipgridという教育用ビデオSNSを活用しています。学生はFlipgridアプリを開き「Flip Code」を入れるだけでクラスのSNSに参加できます。教師が学生を登録する必要はありません。アプリからビデオ撮影やアップロードができ、投稿されたビデオへの返信もできます。クラス内で共有するだけではもったいないので、ドイツの大学の日本語クラスと日本語とドイツ語のバイリンガルでビデオ交流してみました。日本にいながら同年代の「なまのドイツ語」を何十人分も聞くことができるなんて、これまで考えられなかったことです。

「なまのドイツ語」をなんとか聞き取ろうとビデオを繰り返し再生する学生の姿は予想外の驚きでした。

試験のための勉強であれば、従来型の学習方法をICTで効率化するという方法も良いでしょう。でもそれだけだともったいないですね。からだもこころもアクティブになるような学び方ができれば、学生たちは広い海にでてみたいと思い始めるのではないでしょうか？

教育用ビデオSNS「Flipgrid」　https://info.flipgrid.com

岩居　弘樹 先生　　大阪大学全学教育推進機構教授

携帯端末・タブレット端末やWebサービスを活用したドイツ語学習の実践研究の他、サンフランシスコと大阪を結んだ遠隔講義、リーディング大学院の多言語リテラシー科目などを担当。「外国語の学び方」を学ぶことを目的に、アクティブな外国語授業を展開している。Apple Distinguished Educator Class of 2013

動画でCHECK! ▶『iTeachers TV ～教育ICTの実践者たち～』 YouTube

【Vol.44】岩居　弘樹 先生（大阪大学）前編
https://youtu.be/w2KLYqZz618

【Vol.45】岩居　弘樹 先生（大阪大学）後編
https://youtu.be/zqnKURMC4nc

中学校編 ▶ 同志社中学校

7つの秘訣 その4

使うのはあくまで生徒。自ら学ぶ「しかけ」が主体性をつくる！

`英語教育`　`AI`　`アダプティブ・ラーニング`

「4技能化」のかけ声のもと、大きな転換期を迎える英語教育。はたしてICTは日本の英語教育を変える処方箋となりえるのか。一人1台のiPadやAIの活用に取り組む先進校の事例から、英語教育におけるICTの可能性と課題点をひも解いていく。

欧米の学校のように授業ごとで生徒が教室を移動する「教科センター方式」や「ノーチャイム制」を採用するなど、生徒たちが主体的に学べる環境にこだわる同志社中学校。ICT環境の整備にもいち早く対応し、全教室に電子黒板や短焦点プロジェクターを設置。2014年の新入生よりBYOD方式による一人1台のiPad導入を実現した。さらに、AIロボットの授業活用にも積極的に取り組むなど、関西の私学における教育ICTの牽引役となっている。

スモールステップで進めた一人1台実現までの道のり

「初代iPadが出た年、すぐに個人購入して使ってみました。操作が非常に直感的ですばらしいというのが最初の印象です。アプリを活用した学習にも可能性を感じ、ぜひ授業で使いたいと思いました」

1990年代から「マルチメディア委員会」のメンバーとして積極的にICT機器を活用してきた反田先生は、iPadに初めて触れたときの感想をそう語る。

「2012年の2学期には20台の初代iPadを無償で借りて、2ヶ月間の検証を行いました。『iBooks Author』でクイズ形式の問題を作ることができましたので、オリジナルのデジタル教科書を作ったり、『NetCommons』のサイトに動画をアップしておいて、生徒が見られるようにしたりといった使い方をしていました」

最初の検証段階を経て、同志社中学校では翌2013年に40台のiPad

反田 任 先生

EdTech Promotions Manager（ICT教育推進担当）。2014年度からOne to OneでのiPad導入やWi-Fiネットワークの構築を進めてきた。担当教科は「英語」。ICTを活用しながら、知識、語学力、思考力、コミュニケーション能力をつける発信型の英語教育をめざしている。Apple Distinguished Educator Class of 2015。Intel Teach マスターティーチャー。

袖ヶ浦高校の永野直先生の講演を初めて聞きました。公立高校でありながら、いち早く一人1台のiPad環境を実現した話にすごく感銘をうけたんです。

2012年に初代iPadで行っていた授業の様子。当時から「iBooks Author」で作成したデジタル教科書を使ってアダプティブな授業をしていた。

を購入。「マルチメディア委員会」は「ICT委員会」と名前を変え、ICT活用に向けた動きを本格的に進めていく。

「いざ一人1台の導入を検討する段階になるとやはり慎重論も多く、結論が出ないまま1ヶ月ほど議論が続きました。『学校が持たせているiPadでトラブルが起こったらどうするのか』『もう少し、学校保有の40台で様子を見てもいいのではないか』。中学校での導入事例がほとんどない頃でしたから、そういった意見が出るのも無理はありませんでした」

そんな状況の中、たまたま足を運んだ都内のイベントで、反田先生の背中を強く押す出会いがあったという。

「そこで袖ヶ浦高校の永野直先生の講演を初めて聴きました。公立高校でありながら、いち早く一人1台のiPad環境を実現した話にすごく感銘を受けたんです。講演後に名刺交換をしてすぐさま連絡。翌月には千葉に行って授業見学をさせてもらったのを覚えています」

トライ&エラーのくり返しでiPad運用のノウハウを蓄積

「最初の頃は、Apple純正の設定ツール『Apple Configurator』を使ってキッティングをしていました。1学年だけとはいえ、大きなOSアップデートのたびに、約300台のiPadを回収して作業するわけですから、その作業だけでも3日から4日ほどかかっていたんです」

参考にできる事例やマニュアルもほとんどない中、予期せぬトラブルも少なくなかったと反田先生は当時を振り返る。

「回収してアップデートするときにデータが消えてしまった生徒も数人いて、その生徒たちには申し訳ないことをしました。いまではクラウドでバックアップをとる仕組みもでき、『iCloud』や『OneDrive』で生徒各自がバックアップをとるというルールになっています」

中学校編 ▶ 同志社中学校

失敗を乗り越えながら、学校内で生徒たちが安心してiPadを使える環境が整備されていったという。

「その後は、学校向けのMDM（Mobile Device Management）を導入したので、当時と比べてだいぶ管理がしやすくなりました。いまは、アプリの配信や削除、アップデートの指示はすべてMDMからできるようになっています」

オンライン英会話を活用して4技能型の英語力をアップ

「生徒たちが旅行会社の社員役になって、おすすめの観光地を英語で紹介するという授業を、オンライン英会話のサービスを使って行いました。生徒は3人ごとのグループに分かれ、おすすめの観光地についての英文を自分たちで考えて作成していきます」

できあがった英文を読み上げるリーディング練習でも、iPadが効果的に使われていると反田先生は説明する。

「発音が正しくできているかどうかを確認するために、以前は音声を文字化してくれるディクテーションのアプリを使っていました。最近では、iPadに標準搭載されている『メモ』アプリの音声入力機能を使っています。ネットにつながっていなくても使えますし、音声認識の精度としても十分です」

生徒は自分たちで作成した英文に写真をつけ、iPadの画面を通して、オンライン英会話講師におすすめ観光地をプレゼンテーションする。

「相手からの質問に答えることで、聴き取りも同時に鍛えられます。Writing（書く）、Reading（読む）、Speaking（話す）、Listening（聴く）という4つの技能が鍛えられるのです。ネイティブのALT（外国語指導助手）がいれば同様のことができますが、1クラスで6つのグループを同時に相手にするのは不可能です。オンライン英会話は一度に複数の外国人の先生に相手をしてもらえるという点で有効な手段だと思います」

全生徒のiPadを一斉にアップデートする様子。現在は端末を遠隔管理できるMDMを利用。

オンライン英会話のサービスを使い、3人1組でプレゼンテーションやディスカッションを行う。

授業の最初にみんなで読んだときには、声がまばらだったり小さかったりするのですが、Musioとの練習を終えてから聴いてみると、生徒たちの発音がまったく変わっているんです。

英語学習AIロボット『Musio』を使った発音練習。生徒一人ひとりの発音を確認することができる。

AIロボットを活用して18人の分身と発音指導

2017年9月、同志社中学校では英語学習用AIロボット『Musio(ミュージオ)』を20台導入。一人1台のAIロボットという環境での実証を開始する。

「最初に行ったのは、3人1組で自分たちが考えた英語の質問をMusioに投げかけ、返ってきた答えを聴き取るという活用です。まだ1年生なので、『好きな食べ物は?』『どこに住んでいますか?』といった簡単な質問なのですが、ときどきMusioから習っていない単語の入った答えが返ってくることがありました。例えば、生徒が天気を聞くと『東京は雨模様で気温は18度です』というような答えをMusioが返すのです。『temperature(気温)』という単語を知らない1年生からすると、『えっ?』という感じなので、慣れるまでにちょっと苦労しました」

一人1台のMusioがあることで、教科書のカリキュラムに沿った指導でも使えるようになったという。

「Musioが最初に教科書の英文を読み上げ、生徒たちはその発音を聴き取ります。続いて、『リピートしなさい』という指示が出され、Musioの顔にあたる液晶部分に本文が表示。それを見ながら生徒たちが発音するという流れです。うまく読めていると『Great!』とか『Very Nice!』とMusioが褒めてくれて、ちゃんと発音ができていないと『Try again』と言われ、やり直しになります。クリアしないと先に進めないので、生徒たちも本気になって何度も挑戦するようになります」

続いて、Musioと生徒が交互に本文を読み上げていくというパート練習。リーディングに費やされる時間はトータルで10〜15分程度になるという。

「授業の最初にみんなで読んだときには、声がまばらだったり小さかったりするのですが、Musioとの練習を終えてから聴いてみると、生徒たちの発音がまったく変わっているんです。18人の生徒全員に、Musioという先生がマンツーマンで発音チェックをしてくれる。言ってみれば私の分身が18人いるようなものですね」

中学校編 ▶ 同志社中学校

生徒たちがICTを評価する一番のポイントとは?

「生徒たちは、自分の英語力や学力が上がるかどうかという基準で、ICTが役に立つかどうかを判断します。『自分のペースで学べる』『わからないところを何回もくり返すことができる』そういったアダプティブな部分が、生徒にとってICT機器を使う上でのポイントになっているようです」

ICTに対する生徒たちの評価の視点。反田先生がそれに気付かされたのは、2012年に初めてiPadの実証を行った際にとったアンケートだったという。

「生徒はおもしろい教材とか動画などに興味を持つものと思っていました。でも実際、一番評価が高かったのはデジタル教科書だったんです。意外な結果に、よくよくアンケートを確認してみると『自分のペースで学習できるから』というのがその理由でした。『発音とか、これまではわからなかったらスルーだったけど、くり返し聞いて何度も自分で練習できるのでそこがよかった』と評価した生徒が多かったのです」

教員間のコンセンサスと生徒の意識が導入後の鍵

「私の授業ではいつでも自由にiPadを使っていいよと生徒に言っています。でも授業のやり方は教員によってちがうので『今日は使いません』『いまはしまっておきなさい』といった指示をする先生もいます」

ICT導入後の課題について問うと、反田先生はやや遠慮がちにそう口にする。

「やはりツールとして使うのであれば、紙の辞書と同じように『使う・使わない』も含めて、生徒自身の判断で使える形にしていくことが大切だと考えています。教員の間でそこの部分のコンセンサスがとれるようになっていくことが必要だと感じます」

ICT導入時によく耳にする「生徒が遊んでしまうのでは」という懸念について、反田先生は次のように言及する。

「私の授業ではiPadをいろいろなシーンで使うのですが、生徒がゲームをしたりといったことはありません。休み時間にはYouTubeで音楽を聴いているような生徒でも、授業中には勉強で使うというのはわかっているんです。使うこと自体を禁止するのではなく、ケジメを持った使い方を身につけてもらうことが大切なのだと考えています」

4技能時代の英語教員に求められる役割とは?

「TEDやYouTubeの動画など、インターネット上には非常にオーセンティックな教材がたくさんあります。そういったなまの教材に多く触れていくことが、4技能型の英語力を身につけていくうえで重要になります」

教科書に登場する人物の言葉ひとつをとってみても、文字情報としてそれを読むことと、動画でそれを見ることとは大きく異なると反田先生は指摘する。

教科書のレッスンごとにiTunesUで学習コースを作成。生徒が自分で学習できるプラットフォームに。

反田先生の授業では、文房具のように生徒の判断でいつでもiPadを使えるようにしている。

50 ● iPad教育活用 7つの秘訣2

「自分のペースで学べる」「わからないところを何回もくり返すことができる」そういったアダプティブな部分が、生徒にとってICT機器を使う上でのポイントになっているようです。

「教科書に登場する人物が喋っている英語って、文字で書かれるとわからないですけど、動画で見てみるとアフリカンイングリッシュだったりすることがあります。ふだん生徒たちが耳にしない英語なのですが、それだって英語なんです。そういったところからもグローバルな視点というのは養われると考えています」

このようなネット上の「生きた教材」を集めてくることが、これからの英語教員に求められる役割の1つだと反田先生は語る。

「そして、『iBooks Author』や『iTunes U』のようなツールをうまく活用して、生徒たちが自ら学んでいけるような指針を示していくこと。アダプティブな学びができる環境を用意してあげることで、生徒たちはもっともっとアクティブな学びへと向かっていくことができるのではないでしょうか」

動画でCHECK! ▶『iTeachers TV ～教育ICTの実践者たち～』 YouTube

【Vol.19】反田 任 先生
（同志社中学校）前編

https://youtu.be/9dPFBl8aoRA

【Vol.20】反田 任 先生
（同志社中学校）後編

https://youtu.be/dvU5-l8tc80

中学校編 ▶ 同志社中学校

"新しい学び"をつくる！「実践ツール&活用法」紹介 **おすすめ**

ICTを活用した4技能型の英語教育を実践する上で役に立つ、反田先生おすすめのアプリ&ツールとその活用法を一挙公開

iTunes U

開発元・販売元	Apple
カテゴリ	アプリ
価格	無料

教育用コンテンツを無料でダウンロードできるiTunesの教育版。ネット上の動画を活用し授業に合わせた「コース」をiTunes Uで作成。生徒たちが自分のペースでくり返し学習できる環境を作っている。

Musio

開発元・販売元	AKA
カテゴリ	ロボット
価格	105,840円

自ら考えて会話ができ、その会話内容を覚えていく英語学習AIロボット。同志社中学校では学校カリキュラムに合わせた「同志社セット」を使い、教科書本文のリーディング練習の際の発音練習に活用している。

Clips

開発元・販売元	Apple
カテゴリ	アプリ
価格	無料

Apple純正の動画作成アプリ。発音した言葉を即座にテロップとして文字化することができる。発音した際の口に動きを録画できるという特徴を活かして発音練習の宿題にも使われている。

メモ

開発元・販売元	Apple
カテゴリ	アプリ
価格	無料

Apple純正のメモアプリ。テキストや写真、音声に加え、手書きの文字や絵も残すことができる。反田先生の授業では、音声入力機能を利用し、生徒が自分の発音を確認するために活用されている。

"新しい学び"をつくる！おすすめ「実践ツール&活用法」紹介

Edmodo

開発元・販売元	Edmodo
カテゴリ	アプリ
価格	無料

学習用に特化したSNS。同志社中学校では生徒との連絡手段として活用が進む。同志社中学校の生徒と大阪府立箕面高校の生徒がEdmodoでつながり、英語の授業で協働学習を行うという実証も行われた。

Quizlet

開発元・販売元	Quizlet
カテゴリ	アプリ
価格	無料

単語カードを作成することができるWebサービス。先生が授業に合わせて作成した単語カードを、生徒たちが自分のiPad上のアプリで開いて学習することができる。

E-VOLVOX

開発元・販売元	Suzuki Educational Software Co.,Ltd.
カテゴリ	アプリ
価格	1,200円

情報の分類、整理、構造化を見える化できるアプリ。反田先生の授業では、「複数形」「三人称単数」といったテーマに対し、生徒たちが自ら調べた内容をまとめることで文法事項の定着を図っている。

まなみ〜

開発元・販売元	ReDucate
カテゴリ	アプリ
価格	1,080円/30日

小学校から高校までに必要な6,000語以上を収録した英単語学習アプリ。65ランクの中から出題レベルを決定。英日、日英、アクセント、スペル入力問題、文穴埋め問題という5種類の形式で出題される。

●掲載情報は2018年2月1日段階のものです。名称やアイコン、価格などは変更される場合があります。価格は税込表示となります。

Column ③

私たちは何を目指すのか
〜学校の内なるICT常識を超えて〜

広尾学園中学校・高等学校
副校長
金子　暁

これからのICTと教育改革のために

　教育関係者の学校見学を案内していると、「ノートに書いている生徒も、PCに打ち込んでいる生徒もいますが、これでいいのですか?」と聞かれることがある。「まあ、ご覧の通りで、本人がやりやすいスタイルでいいのではないでしょうか」と答えるようにしている。そんな時、これまで長く日本の学校で過ごしてきた私たちの世代には、逃れられない共通の思考様式があるように感じる。生徒全員が同じ方向を見て同じスタイルで同じ行動をしていないと、正直なところ不安になるのだ。その不安はみんなで「一糸乱れず」「心を一つにして」行動することこそが最善なのだという価値基準ともつながっているように思う。

　そういった意味では、学園のインターナショナルコースの外国人教員たちの授業はきわめて自然なスタイルであると感じることが多い。英文学の授業で、生徒たちが使っているのは、Kindle、MacBook、そしてペーパーバックである。その授業に必要なのは英文テキストである。それをどういう手段で見ているかに意味はなく、みんなが同じでなければならない理由はない。こういった自然なスタイルと感覚自体が、授業とICTとの親和性を高めていると思うのである。

　逆を言うならば、私たち教員自身に沁みついてきた思考様式と感覚が、日本の学校におけるICT活用の限界を決めてしまっているのではないかということである。

　私は、見学者に2枚の写真のスライドを見せることがある。1枚は生徒全員が同じ情報機器に向って同じ姿勢で同じことをしている写真。もう1枚は、情報機器を見ている生徒や資料を読んでいる生徒、教員の方を見ている生徒などが混在している写真。実は1枚目の写真は、放課後、生徒たちを集めて撮ったもので、生徒たちは単にポーズをとっているだけだ。もう一枚は、実際の中学理数研究の授業を撮ったもので、一人ひとりのしていることも机上の様子もまったく違っている。違うはずである。理数研究の授業では、グループごとにテーマが違っているし、同じグループの中でも役割が違っていたりする。同じことをやっていては活動自体が前に進まない。

　私も含めて、多くの日本の教員が安心するのは1枚目の写真なのだと思う。整然としてみんなが同じ方向を向いてくれている。宣伝広告や国内の公開授業で見かけた模範的な様子だ。そう考えると、私たち教員がどんなに目新しく、もっと

日常の学園生活でのiPad。

もらしいノウハウやマニュアルに飛びついたとしても、私たちの内側に積み重なったものを克服できなければ、従来の枠組みの教育活動を本質的に超えていくことはできないのではないだろうか。

　私自身はICT活用の狙いは、教育活動の高度化のためとしか考えていない。ただ、その成果を本当の意味で創り出すには、自分自身の内側に根付いてしまった今までの思考様式と感覚、すなわち私自身の常識を乗り越えていく必要がある。この最も厳しく困難な課題を乗り越えなければ、次の教育を形あるものにはできないと思うのである。

メディカルサイエンス研修
（スタンフォード大学でのサイエンスプレゼン）。

金子　暁 先生　　広尾学園中学校・高等学校　副校長

順心女子学園に社会科教諭として勤務。生徒急減期の体験を経て、2007年の校名変更と共学化に合わせた広報戦略を担当。学校人気が急上昇する中、2009年からキャリア教育を兼任。2011年からICT教育兼任。2013年からはそれらを統合した教務開発部の統括責任者。学校価値のプラスの循環を構築しながら、常に新しい学校モデルを目指す。

動画でCHECK! ▶『iTeachers TV ～教育ICTの実践者たち～』　YouTube

【Vol.5】金子　暁 先生
（広尾学園中学校・高等学校）前編
http://youtu.be/f9lbtogBDXw

【Vol.6】金子　暁 先生
（広尾学園中学校・高等学校）後編
https://youtu.be/xP1rqmajNRc

ICT教育レポート「英語教育×AI」

AIによる英語トレーニングの可能性
～現役教師と考えるアイデアソンを実施して～

株式会社デジタル・ナレッジ 教育ICTサービス事業部　岡田　健志

　AI（人工知能）の話題が何かと注目された2017年。教育分野にAIが入り込む可能性について、いくつかのシンポジウムやセミナーでこのテーマが真剣に議論されました。塾や自治体でもAIを使った指導や教育支援の具体的な動きがでていました。そんな中、2017年11月25日、秋葉原にある株式会社デジタル・ナレッジ本社にて、NPO法人iTeachers Academyと株式会社デジタル・ナレッジが共催する『「英語4技能時代」の教育～AI×英語教育アイデアソン～』を実施しました。

　読者の方には、このアイデアソンの報告を通じて、AIを使った指導法の未来や方向性について考えてみていただきたいと思います。

「教育×AI」を考えるための2つのヒント

　アイデアソンでは、前半は「教育に役立つAIとは？」というテーマでグループ議論を行い、後半ではデジタル・ナレッジ社のAIツール『トレパ』を使った教材コンセプト構築をグループ毎に行いました。

　議論を進める前に主催者側からいくつか話がありました。iTeachers Academyの小池幸司氏とデジタル・ナレッジの高橋直樹からは全体の趣旨説明と、今回のアイデアソンの前提知識として、AIの特徴や論点・実例について紹介がありました。最近話題になっている「機械学習」「ディープ・ラーニング」などのキーワードも…かなり難しいキーワードも出てきましたが、社会のあらゆるシーンでAIの技術が使われていることを改めて先生たちも実感されたようでした。3人目は、iTeachers Academy代表理事・岩居弘樹氏（大阪大学教授）。アイデアソンを実施するうえでの「考えるヒント」が2つ提示されました。一つ目は、同志社大学の上田信行先生の「学びの風景」

56 ● iPad教育活用　7つの秘訣2

から引用されたラーニング1.0〜4.0というものでした。整理したものが左下の図となります。

　二つ目のヒントは、SAMRモデルでした。SAMRとは、Substitution（置換）、Augmentation（増強）、Modification（変更）、Redefinition（再定義）の略です。岩居氏の比喩がわかりやすかったのでそのまま使うと、「洗濯」は、最初は川などで手で行われていました。それが「洗濯板」によって置換され、「手回し洗濯機」へと増強され、「脱水機能・乾燥機能装備」のオールインワン洗濯機へと変更されました。しかし、ここまでだと洗濯の概念は変化しません。「ドライクリーニング」によって洗濯が再定義されました。テクノロジーによって生活はかわります。

　このように、「教育×AI」という領域を考えるために、どのような学びが提供できるのかということと、テクノロジーによってそれがどのように段階づけられるのかという2つの軸が示されました。これは、一般的に「教育×ICT」を考えるうえで非常に有効なマトリクスになると思います。

AIがどんな反応をするのか、どんなことができるのか、議論は活況！

ICT教育レポート「英語教育×AI」

「こんなことができるんじゃない?」と、アイデアをみんなでレビュー。

教師の立場から、教育×AIを考える

グループは3つに分かれており、それぞれ4名〜5名の現役教師の活気あるアイデア出しが行われました。参加者のみなさんは、自らの視点に立ちながらも、多種多様な話題や議論に対して柔軟に思考実験を楽しんでいました。出てきたアイデアの一例は、スマホの中のAIが、生徒の発音時の顔や口の動きを認識して、英文の発音だけではなく口・舌の動かし方なども指導するというもの。早速、画像認識に強いディープ・ラーニングでできることを応用していました。会場にいたデジタル・ナレッジのAIサービス開発者に、「これって実現可能ですか?」などの質問も積極的に出ていました。

英語アウトプット型トレーニングをAIで支援する

後半は、デジタル・ナレッジの岡田より、同社のAIを利用した英語

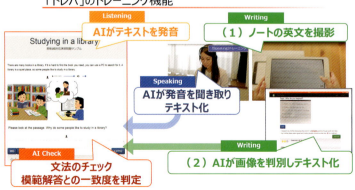

アウトプット型トレーニング支援ツール『トレパ』のコンセプト説明およびコンテンツ制作方法のレクチャーを行いました。英語4技能が叫ばれながらも、実際の教育現場ではリーディング（読む）・リスニング（聞く）というインプット型およびライティング（書く）というトレーニングは行われていても、スピーキング（話す）はなかなか実施されていません。確かに、考えてみれば、リーディング・リスニングは一斉授業で実施できますし、ライティングも解答用紙を集めてしまえば後で採点や添削することが可能です。しかし、スピーキングに関しては、クラス全体でCDや先生の音声に続けて生徒は発音をリピートするか、生徒の発音を録音したものを先生がチェックするか、というのが常套手段です。

『トレパ』のコンセプトは「先生にとってのアシスタント、生徒にとってのトレーニングパートナー」です。「先生の代わりに」「生徒のパートナー」となってアウトプット型トレーニングを促すためにAIを活用したツールをつくろう、というのが出発点。AIだからこそ、生徒一人ひとりのトレーニング結果を残すことができて、人間に対するよりも気恥ずかしさもなく、いつでもどこでも何度でもトレーニングに付き合ってくれる。そんな学習環境の実現を願っています。

とはいえ、今のところAIを活用しても「自由な会話」や「自由回答」について評価はできず、あくまでも「正解文」があり、生徒の発話がその正解にどの程度「意味が一致しているか」を判定するにとどまります。

各チームのプレゼン。笑顔が議論の充実具合を物語っています。

ICT教育レポート「英語教育×AI」

しかし、ネイティブばりのうまい発音でなくても、丁寧に発音すればしっかりと発話を認識しますし、判定もします。参加者の方々が驚いていたのは、AIによる英文読み上げ機能です。これでネイティブスピーカーによる録音をすることなく、英文を打ち込みさえすれば即座にリスニング教材ができます。（『トレパ』の詳細やトライアルについては、公式サイト https://torepa.jp/ をご覧ください。）

このようなコンセプトや開発状況を聞いたうえで、コンテンツ制作の機能の説明を一通り受けた参加者は、各チームで、『トレパ』を使ってどのようなコンセプトの教材をつくるか」という課題に取り組みました。

優勝チームには表彰状が！「学生時代以来！」と喜びも。

新しい教育の可能性

3つのチームで出てきた論点を挙げていきます。

- 今後の期待として、「子どもたちの創造性のある回答もAIで評価できるような仕組みを」。それによって、考えて答える指導ができる。
- トレーニングをより多く回転させるように、「聞く・書く・話す」を徹底的に、しかし楽しく学ばせる。
- AIを相手にすることで、満点の回答しか話したくないという減点主義にはならず、80点くらいの基準のトレーニングをどんどん進めるように生徒の価値観が変化する可能性がある。
- AIが理解できる程度に英文を正確に言えることで自信をつける。
- トレパを使ってみんなで作問し、グループで見せ合うことで、それを通じて生徒自身が英語に向き合う姿勢をつくる。

などが出てきました。

今回のアイデアソンを通じて、教師自身が新しい技術に向き合うことで、指導の方法やアプローチを新たに生み出していく可能性を感じました。よくシンギュラリティによって教師もAIに職を奪われるのではないかという論がまことしやかにいわれています。でも、大丈夫。新しい技術を自ら取り入れ工夫していく教員の姿がこのアイデアソンで示されたのですから。

関連情報

株式会社デジタル・ナレッジ公式サイト
https://www.digital-knowledge.co.jp/

トレパ公式サイト
https://torepa.jp/

トレパ Facebook ページ
https://www.facebook.com/torepa.jp/

岡田健志
株式会社デジタル・ナレッジ
教育ICTサービス事業部

大阪大学大学院人間科学研究科博士後期課程単位取得満期退学。人間学修士。専門は、言語哲学・科学哲学。大手教育会社でカリキュラム設計・教材作成・テスト設計に長年携わった後、現職。社会構成主義に基づく資質・能力の育成と評価法に関心がある。現在はVRやAIなどの技術を教育に転用することや、項目反応理論を用いたテスト設計に関わる。

高校編

スマートフォンの急速な普及により、ほとんどの高校生が日常的にSNSやネットを活用する時代。「学校だから」という理由で使用を禁止していていいのだろうか。"使わせない"から"うまく活用する"という発想の転換が新たな学びを生み出す鍵といえる。

P62
活用事例5　鈴木　映司 先生／静岡県立韮山高等学校

P68
鈴木先生おすすめ「実践ツール&活用法」紹介

P72
活用事例6　品田　健 先生／聖徳学園中学・高等学校

P78
品田先生おすすめ「実践ツール&活用法」紹介

高校編 ▶ 静岡県立韮山高等学校

7つの秘訣 その5

ないことを嘆くな。学びの「道具」はいつも目の前にある!

`アクティブ・ラーニング`　`地理教育`　`スマホ活用`

さまざまな問題からICTの活用が進まずにきた公立高校。しかしここに来て、生徒のスマートフォンを活用するという手法がにわかに注目を集めている。新たな学びへの突破口となりえるのか。先駆者の実践からその可能性を問う。

県内で最も古い歴史を持ち、進学校としても名高い静岡県立韮山高等学校。2013年に14台のiPadを学校購入したが、その後の追加購入はなく、専用のネットワーク整備も進んでいない。そんな環境のもと、生徒のスマホを活用したアクティブ・ラーニング型の授業を実践しているのが地理担当の鈴木映司先生。

環境や予算に依存しない「スマホ型BYOD方式」による授業は、多くの教育関係者から注目を集めている。

生徒からは歓喜の声、先生にも自然と広まったiPad

「パソコン室のPCを買い換えるとき、余った予算でiPadを買ってみようってことになり14台のiPad Airを購入しました」

学校にiPadが入った2013年当時のことを思い返しながら、鈴木先生はそう語り始める。

「まずは体育の授業や部活動で、写真や動画を撮影するのに使い始めました。2つの動画を並べて比較できる『CMV（CoachMyVideo）』を入れたのですが、これは教員にも喜ばれてよく使われてましたね」

インストールするアプリの選定や手続きは鈴木先生が引き受けつつ、他の先生たちも自然とiPadを利用するようになっていったという。

「プロジェクターは進路科で12台、他にも各教科で保有していま

頭の中だけでわかった気になるのではなく、「感じる授業」をするのが僕の授業の目標なんです。

す。ですから普通教室でiPadを使って投影しながら授業をする教員は自然と増えていきました。特に英語や国語の教員はいまではほとんどが黒板に映しての授業スタイルになっています」

さらに、iPadを活用した授業は、生徒たちにも好意的に受け入れられていったという。

「最初に授業に持っていったときには、『これがiPadっていうんだ。初めて見た』という歓喜の声が上がりましたね。当時はまだタブレットを持っている生徒はほとんどおらず、ちょっと大げさですが『未来がやってきた』という感覚を持ったようです」

生徒の主体性を引き出すiPadを使ったビデオ作成

「頭の中だけでわかった気になるのではなく、『感じる授業』をするのが僕の授業の目標なんです」

そう語る鈴木先生が地理の授業で行っているのは、現地レポート型のビデオ作成という取り組み。

「『住みやすい都市をつくる』というテーマで、iPadで90秒の動画を作るという課題を出すんです。それぞれの班を、『先進国の首長』『途上国の住民』…といった8つの専門家に割り当て、別々の立場からビデオレポートを作っていきます」

動画作りを通じて、生徒がより効果的に学べるよう鈴木先生はいくつものしかけを用意しているという。

「いきなりビデオ撮影に入るのではなく、評価の基準となるルーブリックを確認。そしてワークシートでシナリオや絵コンテを作成します。まずは個人でじっくり考えてから班で共有、そしてまた個人に戻すというアクティブ・ラーニングの基本的な流れに沿って行います」

できあがった動画を視聴する際にも経験と理論に基づいた工夫が盛り込まれている。

「動画を見てすぐに生徒同士で意見を交わせるよう、あえて班ごとで視聴します。また視聴するときには教科書にあるキーワードがどれくらい盛り込まれているのかを班内で分担してチェック。さらに知識の定着を確認するための小テストも班ごとで相談してやっていいことにしています」

こうして作られた動画の出来映えについて問うと、鈴木先生はやや興奮気味にこう答える。

「それが、年々グレードアップしているんです。ICTを使うと去年の先

鈴木 映司 先生

韮山高等学校地歴・公民(地理)教諭。2001年、前任校で総合学科を立ち上げキャリア教育への取り組みを進める。日本キャリア教育学会キャリアカウンセラー・ガイダンスカウンセラー。日本学術会議地理教育分科会地誌教育小委員会委員(23期)。地元で「Learning Design Community」を主催。アクティブ・ラーニング型授業をはじめ、新しい時代に対応した授業のあり方を探っている。

高校編 ▶ 静岡県立韮山高等学校

授業で学んだ知識を、班でのビデオ作成を通じて活用することでアクティブな学びを実現している。

ビデオ作成時のワークシート。評価基準や注意点などの工夫がふんだんに盛り込まれている。

輩の作品がそのまま残っているじゃないですか。それを『こんな動画を作るんだよ』って見せますよね。すると生徒たちはそのクオリティを超えてくるんです」

本物のニュース番組さながらに、生徒たちはさまざまなアプリを駆使してBGMやテロップをつけた動画を作成してくるという。

「休み時間や放課後、さらには始業前に動画撮影の"朝練"をやったりと、楽しんで取り組んでいます。中にはクロマキー処理をした合成動画まで作ってきた班があって、どうやって作ったのか僕にもわからないレベルです」

管理とセキュリティの壁 iPad導入後の課題とは？

生徒や先生からも受け入れられ、自然と活用が広がるかに見えたiPadだったが、導入後、県立高校ならではの課題も出てきたと鈴木先生は明かす。

「実を言うと、学校のiPadは管理するのがとても大変なんです。県の持ち物なので、新たにアプリを入れるにも『何をどんな目的のために入れたいのか』という申請を出す必要があって…」

学校備品ならではの手続きの煩雑さもあって、授業では個人購入のiPadを使っている先生が多いという。

「まず朝の段階で、登録簿にいつからいつまで借りたいのかを書いて予約します。そして借りるときに書類を書き、また返すときに破損などがないことを確認して書類を提出する。学校備品なのでしかたない部分もあるのですが、これだけ手間がかかるとやはり使わなくなってしまいます」

また、公立校でICTを使う際に必ずといっていいほど課題点に上がるネットワークの問題は、韮山高校にも存在するという。

「一番の問題はやはりWi-Fi環境ですね。教室には県のネット回線につながるLANケーブルがあるにはあるのですが、すごくセキュリティが厳しくて、YouTubeを見るのにも申請が必要です。例えば、英語

「あっ、いまこのヒントで生徒たちが理解した」というのが目で見てわかる。
そんな体験は教員になって初めてでしたので、最初に見たときは鳥肌が立ちました。

の授業でネイティブが話す動画をネットで見せようと思っても申請を出さないといけない。これだとなかなか授業で使おうという気にはならないですよね」

生徒のスマホを活用したBYOD方式の授業へ

そこで、鈴木先生は生徒たちのほとんどが持っているスマートフォンの活用に目を向けたという。

「センター試験問題の演習を行う放課後の講習で、スマホを活用した授業をやってみました。クリッカーサービスの『Clica（クリカ）』を利用して、100人ほどの生徒全員にそれぞれ自分のスマホで解答してもらったんです」

生徒たちの解答は瞬時にグラフに集計され、リアルタイムで鈴木先生のiPadに反映。プロジェクターから映し出される仕組みだ。

「正答者が少ない場合にはヒントを出します。すると生徒たちの回答を表すグラフが一気に動くんです。『あっ、いまこのヒントで生徒たちが理解した』というのが目で見てわかる。そんな経験は教員になって初めてでしたので、最初にこれを見たときは鳥肌が立ちました」

また、生徒たちが質問を書き込むようにと用意した『Clica』のチャットでも予期していなかったことが起こったという。

「生徒たちがそのチャットの中で教え合うんです。その質問の答えは何ページに載っているよとか。中にはウィキペディアのリンクを貼って教えてあげたりする生徒もいて、とても驚かされました」

学校備品として購入した14台のiPad。うち6台は熱膨張で破損してしまったという。

100人ほどが参加するセンター試験問題演習。Clicaを使ってインタラクティブな講習が実現。

高校編 ▶ 静岡県立韮山高等学校

スマホだから実現できる教室の枠を超えた学び

「僕は学生の頃、地理学科だったので『野帳』というフィールドノートを持って行って書き込むということをしていました。それはそれで大事なのですが、わざわざスケッチするのであれば、写真で撮った方が早いですよね。じゃあ、生徒に写真を撮らせてみようと学芸員の先生や理科の教員と相談して行ったのがこの取り組みです」

『ロイロノート・スクール』を使った富士山研修でのフィールドワーク。実施に至るまでの経緯を鈴木先生はそう説明する。

「事前に10個のミッションを生徒たちに共有します。例えば、『どんな植物が生えているか?』『風穴(ふうけつ)の中に動植物はいるか?』といった問いをあらかじめ設定しておくわけです」

『ロイロノート・スクール』上では、各ミッションごとに、生徒が"カード"を送るための"提出箱"を事前に作成しておくそうだ。

「生徒たちはバスを降りたあと、早速ミッションにしたがって目にした植物の写真を自分のスマホで撮ります。そして、その植物の名前を学芸員さんに聞いたり自分で調べたりして、『ロイロノート・スクール』経由で送ってくるわけです」

鈴木先生は、生徒たちが送ってきた"カード"を自分のiPadで一覧表示で見ながら、『Apple Pencil』で書き込み、その場で添削作業をしてしまうという。

「ICTを使う一番のメリットは、時間と空間の制限が外れるということ。授業以外の時間でも、生徒自身が楽しみながら学べるしかけを教員が用意することで、教室という枠を超えて学びが広がっていくのです」

公立高校でICTを活用することのもう1つの意味とは?

「まずは生徒のスマホを活用することができるか。本当の意味でのBYOD（Bring Your Own Devise）を実現できるかどうかが鍵だと考えています。『ロイロノート・スクール』のように、iPhoneでもAndroidでも使えるようなアプリも出てきてますし、スマホを持っていない生徒には学校のiPadを貸し出せばいい。そうすれば予算や管理の問題もだいぶ解消できるはずです」

公立高校におけるICT活用を進めるポイントについて鈴木先生はそう語る。

「そしてもう1つ。これはある研修会で話題になったことですが、いまの時代にあっても、公立高校の中には、全体の5分の1（約2割）の生徒が経済的な理由から携帯電

生徒たちはフィールドワークをしながら、ミッションごとに作成した写真を「ロイロノート・スクール」で提出する。

テクノロジーに触れられない子どもたちへのセーフティーネットになることも、
これからの公立高校の大切な役目の一つではないでしょうか。

話を持てないという学校も存在するんです」

ふだんスマートフォンを使っていない生徒は、iPadを渡してもまったく操作方法がわからないのだという。

「一方で自分のiPadを持ってきて授業でどんどん使っている高校生もいる。この格差は大きいですよね。海外の事例に目を向ければ、最先端のテクノロジーをいわゆる貧困層の人たちが手にする場は学校です。そしてグループワークを学ぶ場もまた学校なんです」

ICTを活用した協働学習を体験する場があることは、生徒にとっても地域にとっても重要だと鈴木先生は強調する。

「そういう子たちが自分たちの地域の問題を掘り起こして、クラウド・ファウンディングなどで自分のアイデアを発信する。それを見て共感した人たちが出資をし、アイデアの実現を通じて地域が発展していく。そのための武器を彼らに持たせてあげたい。テクノロジーに触れられない子どもたちへのセーフティーネットになることも、これからの公立高校の大切な役目の1つなのではないでしょうか」

鈴木先生のブログ
「アクティブラーニング授業とキャリア教育」
https://blogs.yahoo.co.jp/suzukifamilyeiji

高校編 ▶ 静岡県立韮山高等学校

"新しい学び"をつくる！「実践ツール&活用法」紹介

おすすめ

アクティブ・ラーニング型の授業実践や地理教育に役立つ、鈴木先生おすすめのアプリ&ツールとその活用法を一挙公開

Study.jp 学びアプリ (Clica)

開発元・販売元	デジタル・ナレッジ
カテゴリ	アプリ
価格	無料

選択式や記述式など、生徒の解答を瞬時に集めてグラフ化することができるクリッカーアプリ。チャット機能で質問の受付も可能。大人数の講義でもインタラクティブな授業を実現できる。

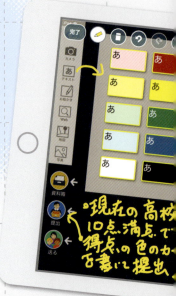

ロイロノート・スクール

開発元・販売元	LoiLo
カテゴリ	アプリ
価格	480円〜（ユーザー/年）

キャリア教育のスペシャリストでもある鈴木先生は進路面談でも「ロイロノート・スクール」を活用。生徒は面談の前に色付きのカードで事前資料を提出。紙や口頭よりも生徒の本音を引き出しやすいという。

Apple Pencil

開発元・販売元	Apple
カテゴリ	アクセサリ
価格	11,664円

iPad ProとBluetoothで接続して使うApple純正のスタイラスペン。「ロイロノート・スクールで回収した生徒のカードを添削するのに手放せないツール」と鈴木先生。

iMovie

開発元・販売元	Apple
カテゴリ	アプリ
価格	無料

Apple純正の動画編集アプリ。生徒たちの動画作成アプリのベースとなる。鈴木先生は、「予告編」の機能を使って、教員研修開始前に流すオープニングムービーも作成している。

"新しい学び"をつくる！おすすめ「実践ツール&活用法」紹介

今昔マップ

開発元・販売元	谷 謙二
カテゴリ	サービス
価　格	無料

現在と昔の地形図を比較して見ることができる時系列地形図閲覧サイト。鈴木先生の授業では「学校の周囲2kmの範囲で起こった変化を年代別に手分けして観察」といった使い方をしている。

「今昔マップ on the web」より作成

Post-it® Plus

開発元・販売元	3M
カテゴリ	アプリ
価　格	無料

アクティブ・ラーニング型の授業では必須ツールともいえる付箋紙。ポスト・イット®ノートを一括で画像データ化できる「Post-it® Plus」を使えば、アナログとデジタルのいいとこ取りが可能に。

Google Earth

開発元・販売元	Google
カテゴリ	アプリ
価　格	無料

地理の授業では定番の地球儀アプリ。「3D表示」や「ストリートビュー」を活用することで、世界の国々や地域をバーチャルで体験できる。"感じる授業"の第一歩に。

©Google

Google ドライブ

開発元・販売元	Google
カテゴリ	サービス
価　格	無料

通常15GBまで無料で利用できるオンラインストレージサービス。鈴木先生は、これまで印刷していた制作物などをクラウドに保管。生徒がスマホで必要なときに閲覧できるようにしている。

©Google

●掲載情報は2018年2月1日段階のものです。名称やアイコン、価格などは変更される場合があります。価格は税込表示となります。

Column ④

学びの意義とICT活用
～「ICTを使った課題解決学習」にこだわる理由～

千葉県立袖ヶ浦高等学校
永野 直

■ 学ぶ意義を感じること

ドストエフスキーは、「穴を掘り、その穴をただ埋める」作業を究極の拷問だと書いた。これは目的がわからないことを強制されることが、人間にとって一番の苦痛ということだ。さて、学校はどうだろう。「何のためかわからない勉強をただ強制される場」だとしたら、先の話とあまり変わらないかもしれない。もちろん授業には「学ぶ目的」がある。更に単元、教科、学校の目標、最終的には教育の目標につながる。しかし、学習者は何重もの入れ子構造の中心に閉じ込められているようなもので、最も外側にある「学ぶ意義」はなかなか実感しにくい。もし「良い大学、良い会社に入って安定した生活を得るため」であるのなら、まるで大学や会社が仕事や給料を自動的に与えてくれるかのようだ。

だが、AIやロボットという言葉を出すまでもなく、組織に属していれば生涯安泰という社会はとうに終わっている。つまりこれからの社会をどう生きるかを生徒たち自身が見出さなければ学ぶ意義は感じられず、「主体的・対話的で深い学び」もまた実現しない。

■ 自分が何者かを知ること

大学に進学する、しないに関わらず「社会に何らかの使命や役割を持ち、自分の力を発揮すること」は重要だろう。そのためには、知識を横断的にとらえ、応用・発展させ、創造的な活動をしながら「自分とは何者か」を見つけていくような学びの機会が必要だ。本校では「課題研究」として社会問題にチームで取り組む授業を設定しており、この学びの中で生徒が「自分の価値」を見出していくことに期待している。ここでの価値とは将来の収入につながる直接的な知識とスキルの修得という意味でなく、社会との関わりのなかで自己をデザインしていこうとする姿勢そのものだ。自分を自由に表現するのは「アート」であり「STEAM」教育にも含まれる素晴らしい創造的体験だ。加えて、他者や社会的な要請に向かって自己を表現するのが「デザイン」である。デザインはまさに課題解決であって他者のニーズ、コストや期間などの制約、そして技術と客観性が求められる。主観だけでは成立しないチームでの活動に、他者との考えの違い、意見の対立、役割と責任、そして協働性が生じ、その中で「自分は何者か」が見えてくる。

教員は「なぜ?」「根拠は?」「どうやって?」「誰が?」「いつまでに?」などと問いかけ続け、生徒たちはその対話を通して取り組む課題の本質や解決の実現可能性、自己の役割などをしだいに明確にしていく。

ICTを自由に使うという意味

「課題研究」で、特に意識しているのは以下の4点だ。
(1)「他人ごと」を「自分ごと」としてとらえ、1年間かけてチームで取り組む。
(2) まず個人で思考し、次にチームで協働し、最後に個人で論文にまとめる。
(3) アイデアの具体化を重視し、プロトタイピングと試行錯誤を重ねる。
(4) 目的や用途、個性に応じてICTを生徒自身が選択できるようにする。

ちで新たな価値を創り出そうとする。その際に、ICTを使おうとするのはごく自然なことだからだ。情報を共有し、さまざまなメディアを統合的に扱えるコンピュータのさまざまなメディアを統合的に扱えるコンピュータの多様性、インターネットの威力とスピード感を肌で感じているからだ。情報モラルや情報リテラシーを身につけておくのは前提だが、学校は生徒がICTを自由に使う経験が少なすぎる。生徒が個性や特性に応じてテクノロジーを使うのは、もっと自然なことであるべきはずだ。

この本の第一弾が発刊されてから5年が経過し、社会や学校の状況も大きく変わった。しかし、ICT活用の背後にある「社会や他者とのつながりの中で、知識だけでは解決しない課題に直面しながら学ぶこと」「自分が何者で、自分が何を学んだかという実感を持ってほしい」という考えは、今も変わっていない。

このような学びの中で、ICTが重要な役割を持つ。これまでの教科学習でテキスト、写真、動画、SNS、プログラム…と多様なメディアに触れてきた生徒たちが、今度は自分た

永野　直 先生　千葉県立袖ヶ浦高等学校

千葉県公立高等学校教諭。2010年より袖ヶ浦高校へ赴任。翌2011年に「情報コミュニケーション科」を同校に新設。「10年先の未来型学習の実現」に向け、iPadの生徒一人1台の環境で実効力のある情報活用能力の育成教育を目指している。
Apple Distinguished Educator Class of 2013。

動画でCHECK!　▶『iTeachers TV ～教育ICTの実践者たち～』　YouTube

【Vol.21】永野　直 先生
（千葉県立袖ヶ浦高等学校）前編
https://youtu.be/yeaoZ-DrcP4

【Vol.22】永野　直 先生
（千葉県立袖ヶ浦高等学校）後編
https://youtu.be/lY0ceGkcqgI

高校編 ▶ 聖徳学園中学・高等学校

7つの秘訣 その6

自由に使える環境を。「失敗」という経験にこそ価値を見出せ!

`STEAM教育` `情報教育`

新たなテクノロジーがさらに普及する未来の社会。そんな時代を生きる子どもたちに求められる力は、「正解のない問題」に対応できる課題解決力だ。こうした学びの場をどのように築くのか。実践者の取り組みを紐解く。

2015年度より新中学1年生を対象にiPadの一人1台体制を実施した聖徳学園中学・高等学校。同校では、新しい価値を生み出す人材育成を教育理念に掲げ、21世紀型教育やSTEAM教育、課題解決型学習など新たな学びを実践している。そんな同校においてICT活用の推進やSTEAM教育の開発をリードするのが品田健先生だ。新しい学びを切り開く、その姿に迫る。

自由に使える環境をめざして

2017年度から聖徳学園中学・高等学校(東京都武蔵野市)に着任した品田健先生。それ以前は、東京都北区にある桜丘中学・高等学校に在籍し、同校におけるiPad導入やICT活用を牽引した。2014年度に桜丘中学・高等学校でiPadの一人1台環境を実施した際は、生徒の自由な使い方を認め、創造性を育む教育活動を展開。同校の取り組みは、eラーニングアワード2015フォーラムにおいて文部科学大臣賞を受賞するなど注目を集めた。

そんな品田先生だが、桜丘でiPad導入の準備に取り組んでいたときは、不安もあったと打ち明ける。「当時、既にタブレットを導入した学校へ行くと、とても凄い授業をしているように見えて、"ウチの学校で本当にできるのだろうか"と思うこともありました。しかし、近大附属(近畿大学附属高等学校)を見に行ったときに、生徒も先生も自由に使っているのを見て、とても自然に感じ、"こういう感じなら、ウチの学

品田 健 先生

東京学芸大学教育学部B類国語科卒。Apple Distinguished Educator class of 2015。桜丘中学・高等学校で副校長、次世代教育開発担当参与として、2012年よりICTの導入・活用を担当。2017年4月より聖徳学園中学・高等学校にてICT活用、STEAM教育開発を担当。学校改革本部長、Executive ICT Director。

試しにiPadを現代文の授業で使ったところ、板書の時間が大幅に減ったことや、
映像が簡単に扱えるところがいいなと感じました。

聖徳学園は2015年度より、新中学1年生に対してiPadの一人1台環境を実施。その他、貸出用端末としてiPadを80台、MacBook Proを40台用意。

校にもできる！"と思いました。先生によって導入のレベルが違ったり、生徒が休み時間も好きに使ったり、そんな環境でiPadを使う方が、みんなが使えて、ハードルの低いところからスタートできると考えました」

　生徒がタブレットを使うとトラブルが起きるかもしれないから制限を設ける、というのはよくある話だが、品田先生はiPadが使われるためには"自由な環境"で"ハードルを下げる"ことが大切だと考えた。

「伝わること」と「授業進度」を実感

　そもそも、品田先生が桜丘中学・高等学校でiPad導入を進めたのはなぜか。きっかけは自身が受け持つ現代文の授業にあったという。

　「iPadは初めて見たときから、"授業で使える"と思いました。試しに自分で買ったiPadを現代文の授業で使ったところ、板書の時間が大幅に減ったことや、映像が簡単に扱えるところがいいなと感じました」

　スライドで板書を提示し、書く手間を省略すれば、生徒の理解も途切れることなく授業をどんどん進めていける。結果として、品田先生は想定していた内容よりも多くのことができたと話す。また映像が扱いやすくなったことで、小説に描かれている情景や作品の世界感をイメージで理解できるようになった。

　「生徒たちも作品に対して興味を持ちやすくなったのか、"この小説のキーポイントはここじゃないか""キーワードがここでも使われている"といった内容理解につながる発言が出てきました。これは、iPadを使わないともったいない！と思うようになりましたね」

　毎日の授業時間は限られている。その中で、繰り返し行うことをiPadにまかせて、新たな時間を捻出できれば、もっと他のことができる。品田先生は、他の先生たちもiPadを使えるようにし、今まで時間がなくて諦めていたことをやっ

eラーニングアワード2015フォーラムにおける『第12回日本e-Learning大賞』にて、桜丘中学・高等学校は文部科学大臣賞を受賞。

高校編 ▶ 聖徳学園中学・高等学校

品田先生は最初のiPad活用として、板書を映写することから始めるよう呼びかけた。

部活動やHRから活用を開始。やがて創造性を育むツールへ

　2014年度からiPadの一人1台を本格実施した桜丘中学・高等学校。具体的にどのようなことに取り組んだのか。

　「iPadと同時に学習ポータルシステムCyber Campusを導入し、教師と生徒間の情報伝達・共有をスムーズに行えるようにしました。また当初は授業よりも、部活動やHR、学校行事などで活用するよう促しました。そのうち、徐々に授業の中でも使われるようになっていき、授業支援ツールを活用したり、学習ポータルシステムを使って宿題を配布したりと、学習面での利用も見られるようになってきました」

　iPad一人1台といっても最初から授業の中で使うのは得策ではない、というのが品田先生の考えだ。部活動で動画を撮影したり、HRのときに連絡伝達やアンケートを集計するなど、学校生活全般で使えるようになってこそ、iPadを創造のツールとして活かすことができる。

　てもらいたいと思うようになったという。

　「先生一人でもiPadを使えば、授業はずいぶん変わります。そのため、桜丘では生徒への一人1台を本格実施する前に教師全員にiPadを配布しました」

ハードルを低く、まずは板書からスタート

　教師全員にiPadを配備した品田先生は、まずは板書から使うことを勧めた。

　「最初は、先生たちにiPadを好きなように使ってもらい、おもしろいと思ってもらえることが大切だと考えました。そのため、ハードルの低いところから始めるよう、板書から使おうと呼びかけました」

　幸い、桜丘はすべての教室にホワイトボードが設置されていたため、プロジェクターさえあれば、どの先生もiPadで板書を映写することができた。他にも、職員会議で配るプリントをデジタル化してiPadで閲覧したり、学校公開の受付や入試の入室管理をiPadで行うなど、先生全員が使える場面を広げていった。

　一方で、品田先生は授業での利用については、他の先生に強制することはなかったという。

　「先生たちがそれぞれの授業でiPadを使う、使わないは自由で、それが当たり前だと思っています。ただし、なぜiPadを導入したのか、そのビジョンが共有できているかどうかは重要だと考えています。といっても、これを実現するのが一番難しいですけどね。桜丘のときは、生徒にとっても、先生にとっても創造のツールであることをビジョンに掲げていました。だからこそ、"自由に使える"という環境にもこだわりました」

　もちろん、iPadを本格導入する前には、他の先生から規制を設ける方が良いという意見も挙がったという。しかし、最終的には「授業内は先生の指示に従う」「いままでの校則の運用でやっていく」という方針がまとまったと品田先生は話す。

桜丘中学・高等学校ではiPad活用を広げるために、部活動やHRの利用を積極的に勧めた。

学校でiPadを活用するうえで大切なことは、
生徒たちが"うまく使う"ことではなく、"失敗できること"だと考えています。

教職員の業務効率化とHRクラスのコミュニケーション活性化

聖徳学園では社内SNS「Talknote」を先生間・先生と生徒間のコミュニケーションツールに活用。ICTを日常的に使える環境の中で、生徒が失敗できる場面を大切にしている。

「確かに、生徒たちはiPadに慣れるのが早いし、教師よりも使いこなしています。しかし、学校でiPadを活用するうえで大切なことは、生徒たちが"うまく使う"ことではなく、"失敗できること"だと考えています。iPadのようなデジタルデバイスは、社会人になってからいきなり仕事でうまくは使えないですし、その時は失敗も許されません。目的に合わせた使い方や求められる情報収集や発信など、学校生活の中で普段使いしながら、今のうちに失敗してほしいと考えています」

学校という、ある程度守られた環境であれば、生徒の失敗を受け入れることができる。品田先生は、それこそが学校でiPadを活用する教育的価値だと話す。

「HRや部活動など、生徒たちはiPadを使う場面が増えると、自分たちのやってみたいことを先生に伝えるようになってきました。"iPadを使えばこんなことができるかも?"という発想を持てることはとても大切なことで、創造性や主体性につながるマインドだと思っています」

上手く使うのではなく、失敗できる環境を

その後、2017年度から聖徳学園中学・高等学校に異動した品田先生。同校においても、ICT活用を推進する立場として、さまざまな取り組みを行っている。

「聖徳学園はもともと"新しいものを積極的に取り入れよう"という校風がありました。iPadに関しても、生徒がこれだけ日常生活で使うようになったのだから、学校の中だけ使わないのはおかしいと。とはいえ、一気に導入するのは難しいので、現在は年次進行でiPad導入を進めている段階です」

デジタルネイティブと呼ばれる今の中高生。生徒たちは、この先もデジタルデバイスを使うのだから、学校で使わない手はない。

課題解決型学習では、議論をまとめたり、資料を共有するためにGoogle Docsを活用。高校生においてはスマートフォンの利用も認めている。

高校編 ▶ 聖徳学園中学・高等学校

STEAM教育のアプローチを重視した課題解決型学習

聖徳学園中学・高等学校はSTEAM教育を重視した課題解決型学習を実践している。STEAMとは、Science（科学）、Technology（技術）、Engineering（工学）、Art（アート）、Mathematics（数学）の頭文字をとったもので、これらの分野を横断する学習内容で、批判的思考や創造性、課題解決力の育成をめざすものだ。

「STEAMといえば、プログラミングやものづくりをイメージされることが多いのですが、それだけではありません。正解のない問題について、それを解決するためにはどうすればいいか。アイデアや思考を導き出す手法として STEAM を解決手段に使うという考え方です。もちろん、プログラミングのように"つくる"ことで学ぶことも大切ですが、これからの時代を生きていくためにはSTEAMの分野を横断した視点をもち、複雑な要因が絡む課題解決に取り組むことも生徒たちの将来に役に立つと考えています」

品田先生は課題解決型学習の一例として、「火星に宇宙飛行士が取り残されたらどうするか」のテーマで取り組んだ内容を話した。

「チーム内に NASA の長官、宇宙飛行士など役割を設けて、それぞれの立場でアイデアを出し合いながら課題に挑みます。生徒たちは最初、全員が"助けにいく"といいますが、話し合いが進むと、"助けに行った人が死んだら？""助けにいくまでの費用は？"と、調べた内容をもとにどんどん話が広がっていきます。もちろん、正しい答えはありませんが、根拠を提示し、仲間と議論しながらひとつの解決策を導き出すことが大切だと考えています」

他にも、STEAM 教育の取り組みとしては、映画のシナリオ制作から撮影・編集まで取り組むシネマ・アクティブ・ラーニングや Swift Playgrounds を使ったプログラミングにも取り組んでいる。

テクノロジーの利用は、良質なアウトプットにつながる

先の予測がむずかしい激動の時代を生きるといわれる生徒たち。正解のない問題に対して、どのように対応できるのか。その力を伸ばすことが学校にも求められる。

「生徒たちから見て、先生も正解がわからないことを考えるというのは、とても楽しいことなのだと感じています。私自身も、生徒の様子

シネマ・アクティブ・ラーニングの様子。

生徒たちがさまざまな手段で調べたり、考えたことを形にできる環境が重要で、
テクノロジーを使うのと使わないのとでは、圧倒的にアウトプットのクオリティが異なります。

高校で実施された「Swift Playgrounds」を活用したプログラミングの授業の様子。

を見て"そんなふうに考えるのか"と気づかされることがあり、STEAM教育をベースにした課題解決型学習に手応えを感じています。しかし、こうした学習を実現するためには、生徒たちがさまざまな手段で調べたり、考えたことを形にできる環境が重要で、テクノロジーを使うのと使わないのとでは、圧倒的にアウトプットのクオリティが異なります。聖徳学園ではiPadも課題解決のツールとして、生徒と先生の両方が自由に活用できる環境で良かったと思っています」

このような環境でさまざまな取り組みを実施する品田先生。今後についても構想が膨らむ。

「やはり一人1台のメリットを最大限に活かすためにも、アダプティブ・ラーニングを取り入れていきたいですね。生徒によって苦手な部分は異なりますし、違いもたくさんありますが、テクノロジーを活用することで、生徒一人ひとりに合わせた学習が実現できる時代がきました。生徒たちのもつ能力をもっと伸ばすことができると考えています」

動画でCHECK! ▶『iTeachers TV ～教育ICTの実践者たち～』 ▶YouTube

【Vol.122】品田 健 先生
（聖徳学園中学・高等学校）前編
https://youtu.be/TTGKmXp3rFc

【Vol.123】品田 健 先生
（聖徳学園中学・高等学校）後編
https://youtu.be/m7q1O3Ztwps

高校編 ▶ 聖徳学園中学校・高等学校

"新しい学び"をつくる!「実践ツール&活用法」紹介 **おすすめ**

より質の高いSTEAM教育や課題解決型学習に役立つ、品田先生おすすめのアプリ&ツールとその活用法を一挙公開

Microsoft Pix カメラ

開発元・販売元	Microsoft
カテゴリ	アプリ
価格	無料

シャッター音を消して無音撮影が可能な高性能カメラ。AIを利用して撮影した写真を自動調整する。板書を撮影する生徒のシャッター音が気になるときは、このアプリで解決できる。

LearnFit 座位・立位昇降デスク

開発元・販売元	Ergotron
カテゴリ	教室環境
価格	OPEN

高さ調整が可能なキャスター式のデスク。立ったり、座ったり、動いたりと、机を合わせて行うグループ活動と異なり、教室内で生徒がアクティブに活動できるのが魅力。

https://www.apple.com/jp/education/apple-teacher/

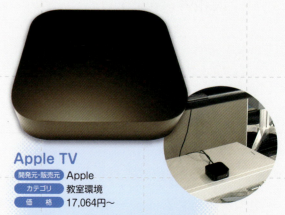

Apple Teacher

開発元・販売元	Apple
カテゴリ	研修プログラム
価格	無料

Apple製品を活用する教育指導者のためのプロフェッショナルラーニングプログラム。自学自習で進めることが可能で、iPadやMacのスキル向上や授業事例も収録。日本語化されているので、教員研修にも勧めたい。

Apple TV

開発元・販売元	Apple
カテゴリ	教室環境
価格	17,064円〜

iPadやiPhoneの画面を無線でテレビやディスプレイに表示できるデバイス。ライトニングケーブルをつなげば映写はできるが、長く使うと端子が傷むこともある。無線でつながる環境は機材を長持ちさせる。

"新しい学び"をつくる！おすすめ「実践ツール&活用法」紹介

Talknote

開発元・販売元	トークノート
カテゴリ	アプリ／サービス
価格	販売元へ問合せ

企業向けのSNSであるが、聖徳学園では教員間、教員と生徒間など、学校内のコミュニケーションツールとして活用している。どの生徒が何時に保健室に入室したのかなど、ルーティンの連絡伝達に便利。

Tablet*Cart FOUR-r

開発元・販売元	エム・ティ・プランニング
カテゴリ	教室環境
価格	OPEN

タブレット端末を最大40台同時に保管+充電できる充電保管庫。学校現場に合った設計で、カートの角が丸く、ぶつかった際も傷がつきにくい。もちろん、持ち運びも楽。ACアダプターからの配線もすっきりとしていて扱いやすい。

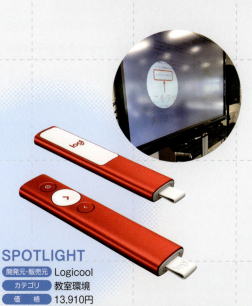

SPOTLIGHT

開発元・販売元	Logicool
カテゴリ	教室環境
価格	13,910円

充電式のプレゼンテーションリモート。ハイライト機能、拡大機能に優れており、レーザーポインタを使うよりも、見せたい部分を強調しやすい。オンスクリーンでカーソルの操作も可能。

Swift Playgrounds

開発元・販売元	Apple
カテゴリ	アプリ
価格	無料

Appleが提供するプログラミング学習アプリ。初心者でもステップアップで直感的に学べる。iBooksで教員用ガイドが無料で公開されており、授業ポイントやルーブリックを用いた評価が紹介されている。

●掲載情報は2018年2月1日段階のものです。名称やアイコン、価格などは変更される場合があります。価格は税込表示となります。

ICT活用講座② ▶ 動画教材ワンポイント講座

「反転授業用の動画教材、自分でも作ってみたいけどどうすればいいの？」環境が整ってきたとはいえ、まだまだ敷居が高い動画教材の制作。2009年より多くの動画教材に出演してきた映像授業のプロが、動画教材をつくる上で知っておきたい「ワンポイント」を紹介する。

01. 動画教材の種類

ワンポイント その1　バランスが大事!

教育現場で活用される動画には大きく分けて4つのタイプがあります。「① 教室での講義をビデオ収録したタイプ」「② スライドや操作画面にナレーションをつけるタイプ」「③ 手書き動作などの動きを伴ったタイプ」「④ ジェスチャーなどを交えた先生が映るタイプ」。"動画作成の手間"を考えると、①が最も「低く」、④が最も「高く」なります。でも、"動画への没入度"という視点で考えると、反対に④が最も「高く」なりますよね。伝えたい内容を伝えるという点ではどのタイプでも変わりはないですが、教育現場で活用していく上ではこの両者のバランスが大切。手間と効果、2つの視点から適したタイプの動画を作っていきましょう。

02. 動画教材作成の道具

iPadアプリの「Explain Everything」を使えば、書き込みをしながらiPad1台で動画教材が作れます。しかも、Wordやパワポなどのファイルを読み込むことも可能。また、本格的なものを作りたいならパソコンソフトの「Camtasia」がおすすめ。ビデオカメラで撮影した映像をインポートできるので、先生自身が登場するタイプの動画を作ることもできます。とにかく手軽に動画教材を作りたい先生には「SnapLite」。アーム式のスマホスタンドでも構いません。要はiPhone標準の「カメラ」を使って、話しながら動画を撮ってしまうという手法です。作りたい動画のタイプによって、それに合った道具を選択することが大切。動画教材作成のための道具は「作り」で選びましょう。

前回の動画タイプ
作りで選ぶ！

ワンポイント その2　作りで選ぶ!

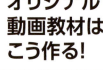
オリジナル動画教材はこう作る！

栗谷　幸助 先生　デジタルハリウッド大学

大学卒業後、流通業に就き、"人と人とを繋ぐ道具"としてのWebの魅力に触れ、Web業界へ転進。WebデザインユニットでWebの企画・デザイン・サイト運営等を手掛けながら、各地で関連の講師を担当。デジタルハリウッドでは専門スクールや大学にて講師としてWebデザインのスキルを幅広く伝えている。

03. 動画教材での話し方

本格的なスタジオ収録でなくても、カメラを前にするとついつい「できるだけゆっくり話そう」「間違えないように丁寧に話さなくては」となってしまいがちです。もちろん、ゆっくり丁寧に話すことは悪いことではないのですが、そればかり意識しすぎてもいけません。喋りが少しくらい速くても、動画教材であれば巻き戻して見ることができます。ちょっと言い間違ってしまっても内容が伝われば問題ないのです。みなさんは先生であってアナウンサーではありません。大切なのは、ふだんの授業の雰囲気が伝わる動画教材にするということ。その方が格段にのめり込みやすい、いい動画教材になります。肩肘を張らずにいつもの授業通りに話してみてください。

教室の雰囲気をそのままに！

ワンポイントその3 教室の雰囲気をそのままに！

04. 動画教材の長さ

動画教材の長さはどのくらいにしたらいいのでしょう。一般的には「5分〜10分の動画にするといいよ」といわれています。はたして本当にそうなのでしょうか。広告動画の視聴時間に関する海外の調査データを見てみると、動画を最後まで視聴する割合は必ずしもその長さに比例しないという結果も出ています。ストーリー性や番組性が視聴時間に関係していると考えられます。一方で教育用動画はどうでしょうか。こちらは10分を超えると視聴をやめる割合がグンと高くなるという調査結果が出ています。やはり教育用動画になると「チュートリアル」的な要素が多くなるので、長時間の視聴というのは厳しいようです。"5〜10分説"はホントだったということですね。

基本5〜10分を目安に考える！

ワンポイントその4 基本5〜10分を目安に考える！

05. 動画教材内の資料

パワポやKeynoteのスライドなど、動画教材の中では文字やグラフなどの資料を提示します。この資料を作る際にはどういった点に気をつければいいのでしょうか。もちろんしっかりした資料を作ることは必要ですが、スライドにすべての情報を盛り込んでしまうと味気ない動画になってしまいます。生徒たちはふだんからテレビのようなメディアに触れていますので、動きのない動画だとすぐに飽きてしまうのです。完璧に用意したスライドをただ読むのでなく、動きのある動画にすることを意識しましょう。例えば、あえて余白を作っておいてその場で手書きで書き込むというのもおすすめ。そんなちょっとした工夫で、生徒たちをグッと引きつける動画教材にすることができます。

ワンポイントその5 余白のある資料で画面に動きを！

余白のある資料で画面に動きを！

誌上座談会② ▶ 玉川大学3年生 〜先生の卵×ICT〜

未来の先生たちが語る 理想の教師
誌上座談会 〜玉川大学3年生〜

　玉川大学工学部の小酒井正和先生が運営する勉強会「教師虎の穴」で教育現場でのICT活用を学ぶ先生の卵たち。現役大学生の日常的なICT機器利用の実態から、教師をめざしたきっかけ、今取り組んでいること、そして理想の教師像まで、幅広く語ってもらった。

――みなさんは子どもの頃から携帯電話が身近にあった世代だと思いますが、SNSを使い始めたのはいつ頃ですか。またどのように使っていますか？

加藤　SNSはスマホが出始めた高校からです。最初は高1の時、部活の友達と「LINE」のグループを作りました。
湯川　私は高校生のときに、iPod touchでSNSを使っていました。
森田　私は交通情報などリアルタイムの情報収集に「Twitter」も使っています。
相原　「LINE」はみんな使っていて、そのあとに「Twitter」を始めるパターンが多いですかね。他には、「Instagram」「Facebook」を使っている人が多いかな。
湯川　留学したときにいろいろなSNSを入れました。アラブ系の学生は「WhatsApp」、中国では「WeChat」、韓国の学生は「カカオトーク」。アメリカでは、高校生や学生には「SnapChat」で社会人は「Facebook」など、相手の国籍や年代に合わせてSNSを使い分けています。

――SNS以外では、スマホやiPadをどのように使っていますか？

加藤　大学の課題や調べ物をしたり、YouTubeで動画を見たり、音楽を聴いたり。あとはAmazonで買い物もしますね。
湯川　ゲームはスマホだとデータの容量制限が気になるのと、つい遊びすぎてしまうので、Wi-Fi環境が必要なiPadでやるようにしています。

像と教育ICT

Officeのアプリを使って文書を作成したりとか。

加藤 私は中学のソフトボール部の指導をしているので、iPadを使って子どもたちのフォームを動画で撮って見せています。

——みなさんは教員志望ということですが、先生になろうと思ったきっかけを教えてください。

相原 数学が得意だったので数学を専攻しました。そうすると仕事は教師か研究職。だったら教師かなと最初は軽い気持ちでした。でも個別指導塾でアルバイトを始めて、人に教えることの楽しさを知りました。

湯川 小6の時の担任の先生の授業が、児童主体で進めるアクティブ・ラーニング型の授業で活気もありすごく楽しかったんです。中学・高校でもいい先生に出会うことができ、教師になりたいと思うようになりました。

森田 私は小学生の頃から人に教えるのが好きで、算数がわからない友達に助言したりしていたので、それを仕事にしたいと考えました。高

相原 本を読んで気になった言葉や使えそうなデータをメモしたり、カメラで撮ったりします。漫画の電子版も読みますね。

森田 本棚がいっぱいなので、シリーズものなどは電子書籍で読みます。

湯川 iPadは主に小さいパソコンとして活用しています。Microsoft

座談会メンバー

加藤 千春 さん（玉川大学3年生）
①所属:工学部マネジメントサイエンス学科
②ケータイを持った時期:小3でキッズ携帯
③目標:数学の面白さを伝える中学校の先生

湯川 真由子 さん（玉川大学3年生）
①所属:教育学部教育学科
②ケータイを持った時期:中1（スマホは大学生）
③目標:海外で学び英語も使える小学校教師

森田 汐理 さん（玉川大学3年生）
①所属:工学部マネジメントサイエンス学科
②ケータイを持った時期:中2か中3くらいから
③目標:個々の生徒を理解できる数学の先生

相原 拓実 さん（玉川大学3年生）
①所属:工学部マネジメントサイエンス学科
②ケータイを持った時期:小学6年生のとき
③目標:キャリア教育ができる数学の先生

誌上座談会② ▶ 玉川大学3年生 〜先生の卵×ICT〜

校の進学指導の先生が、自分のことを気にかけてくれたのが印象に残っていて、私もそんな先生になりたいと思いました。

加藤 私はもともと数学が大嫌いでした。でも中2のとき、先生の「加藤さんはできると思うけどな」というひと言がきっかけとなって成績が上がったんです。だから、自分みたいに数学が苦手な子にも、数学っておもしろいよ、と教えてあげたいです。

——みなさんはどのような先生をめざしていますか？また、そのために今、力を入れていることがあれば教えてください。

相原 高校3年生の進路指導に携わりたいです。そのためには知識や経験が必要なので、キャリア教育を学んだり、いろいろなセミナーに出て仕事を体験したりしています。

湯川 私は小学校の先生志望ですが、一番力を入れているのは英語です。先生になったあと、海外の大学院で教育を学び直したい。特別支援教育にも興味があります。

森田 私は物理系のゼミで超電導の研究をしています。数学以外のことに関する知識も交えて教えられたらいいと思っています。

加藤 私が尊敬する先生のような生徒に信頼される先生になることが目標です。生徒の気持ちがわかる先生になるために、いろいろな人と関わる経験をしたいと考えています。今は年上の人たちと交流できるジムのトレーナーのアルバイトをしています。

——小酒井先生が主催する教員志望者のための勉強会「教師虎の穴」に参加しようと思った理由を教えてください。

加藤 自分たちが受けてこなかった「新しい学び」というものに興味があったからです。

森田 私はもともと機械系が好きで、デジタル機器を使って行う教育があると聞いて参加しました。

湯川 高校の時に情報の授業で学校の紹介ウェブサイトを作ったりして、ICTでは前から興味があったのでおもしろそうだなと。

相原 小酒井先生のゼミでは最先端の教育が学べると思ったからです。自分のためにも、将来の生徒のためにもなる。他の授業ではできないような貴重な経験をしています。

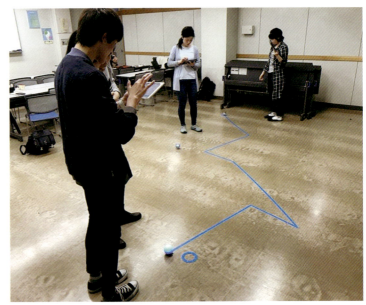

――実際に「教師虎の穴」に参加してみて、新たに気づいたことや感じたことなどはありましたか？

加藤 自分が無知だと感じました。
相原 そう、世間知らずでしたね。理論を学んで、それが教育のすべてだと思っていたところがあります。
湯川 教育学部には現場に詳しい元教員の先生もいて、理論ばかりというわけではないです。でも、無知だと感じたというのはよくわかります。ICTを使ったらこうなる、というのがわかって、自分で教育ICT関連の展示会などに行ったりするようになりました。
森田 私も同じです。こんなICTの使い方があるんだと初めて気づかされました。ロボットプログラミングの実習など、実際に触れることができて楽しかったです。

――「教師虎の穴」で学んだことや経験は、先生になってからも活かせると思いますか？

相原 はい、教師になった瞬間から全部使えることばかりです。ICTを使える先生として率先して活躍したいです。
湯川 教育ボランティアをやっている小学校でも電子黒板やPCは使っているので、どんどん提案していきたいです。
森田 数学の教員志望なので、デジタル教科書や書画カメラを使って、「ロイロノート・スクール」や「MetaMoJi ClassRoom」を活用しながら授業をやってみたいです。他の先生に教えることもできると思います。
加藤 テクノロジーも進化していくので、新しいものを常に取り入れていきたいです。ICT一辺倒でなく、これはICTで、これは黒板で、というような使い分けもきちんとしたいと思っています。

動画でCHECK! ▶『iTeachers TV ～教育ICTの実践者たち～』

【Vol.126】相原 拓実 さん（玉川大学）
https://youtu.be/7sQbS_t4Z58

Column ⑤

ソーシャルな教師を目指そう
～「教師虎の穴」を開講したその理由とは?～

玉川大学 小酒井 正和 先生

——教員志望の学生たちのために「教師虎の穴」を開講しようと考えた理由を教えてください。

みなさんの周りでICT活用授業（ICTを活用したアクティブ・ラーニング型授業）をしている教師なんてあまりいないですよね。かといって、大学の教職課程でも、ICT活用授業を指導できる人材が不足しています。

ICT活用授業が多くの人にとって未体験のものである以上、若い教師が現場に出てからICT活用授業に必要なスキルを修得することは難しいでしょう。かといって、教職課程の「教育方法及び技術」や「各教科の指導法」などの授業でICT授業の実践方法を学ぶには圧倒的に時間が足りません。

現実的には、学生のうちに課外活動としてICT活用授業を学ぶことが有益です。そこで私は有志の学生たちと勉強会を始めることにしました。学生自身がテーマを設定したり、ICT活用授業をプロデュースしてもらったことが教師の卵たちの「主体的で対話的で深い学び」に大いに役立ちました。

——教員を志す学生たちに向けたメッセージをお願いします。

教師が育つために現場教師の優れた授業を見ることが有益であることは、これからも変わりません。だからこそ、教師の卵たちは大学の外で活躍する優れたICT活用授業に多く触れる機会をつくることが重要です。それは教育×ICTのイベントに足を運ぶことであったり、ネットを通じて優れた知識・知恵に触れることだと思います。現場教師とのリアルなネットワークを大事にすると同時に、ソーシャル・ネットワークの中でアンテナを張り、優れた先達たちの指導方法に触れるチャンスを作ってください。

小酒井 正和 先生　玉川大学工学部 マネジメントサイエンス学科 准教授

先端知能・ロボット研究センター（AIBot 研究センター）研究員。博士(経営学)。専門は管理会計、IT マネジメント。1998 年から青山学院大学で e ラーニング授業開発プロジェクトに参加し、ビジネス演習コースの教材や IT システムの開発を担当。現在では、iPhone や iPad を使った学生とのインタラクティブな授業、反転授業を実践。

動画でCHECK! ▶『iTeachers TV ～教育ICTの実践者たち～』 ▶YouTube

【Vol.13】小酒井 正和 先生
（玉川大学工学部）前編
http://youtu.be/vTfz1luyy-4

【Vol.14】小酒井 正和 先生
（玉川大学工学部）後編
http://youtu.be/SRX4NYcvu2A

特別支援学校編

iPad発売当初から積極的にその活用が進められてきた特別支援学校。ICT活用に対する意欲は高い一方で、インフラ整備の遅れが課題となっている。支援ツールとしての活用に加え、新しい学びをつくるICT活用へ。次なる段階へのアプローチが求められている。

P88

活用事例7　海老沢　穣 先生／東京都立石神井特別支援学校

P94

海老沢先生おすすめ「実践ツール＆活用法」紹介

特別支援学校編 ▶ 東京都立石神井特別支援学校

7つの秘訣 その7

社会とつながりを持て。学校の外との「連携」が学びを広げる!

`特別支援教育` `物語作り` `プログラミング教育`

「教育の原点」ともいわれる特別支援教育の現場。そこでICTはどのような役割を担っているのか。子どもたちの表現力を広げるためにiPadを積極的に活用している都内の特別支援学校の事例から、その現状と可能性に迫る。

ワークショップで見つけたiPad×物語作り

小中学部あわせて約180名の知的障害のある児童生徒が通う石神井特別支援学校。2014年に20台ほどのiPadが配備され、翌年には平成27年度東京都ICT活用推進校に指定される。2016年に開催された日本教育情報化振興会主催の「ICT夢コンテスト2016」では、3つの実践で特別賞・奨励賞を受賞。創造性や表現力につながるその取り組みは特別支援教育の枠を超えて高く評価されている。

「特別支援学校でiPadを活用したらどんな授業ができるんだろう？とまだ具体的なイメージが持てずにいた頃、子どもと参加したワークショップで、iPadを使ったデジタル絵本作りに出会いました」

海老沢先生がiPad活用を始めたきっかけは、お子さんが通っていたNPO法人CANVASのワークショップだったという。

「3〜4人の子どもたちが1台のiPadを囲み、くしゃくしゃにした紙を主人公に見立てて、いろいろな場所で写真撮影。順番にお話を展開していくというシンプルなワークでした。父親として見学しているうちに『これを学校でもやってみたらきっと子どもたちも喜ぶはず』とiPad活用のイメージがパッと広がったんです」

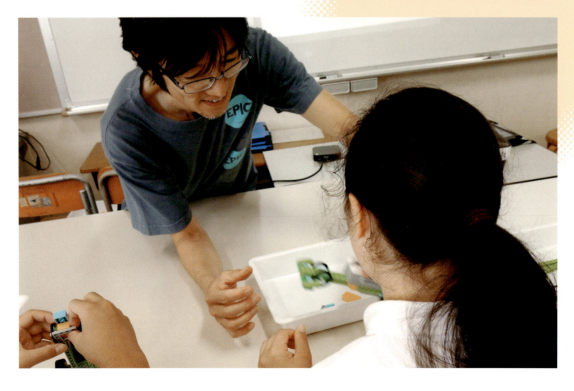

特別支援学校でiPadを活用したらどんな授業ができるんだろう？とまだ具体的なイメージが持てずにいた頃、iPadを使ったデジタル絵本作りに出会いました。

海老沢先生がiPad活用を始めるきっかけとなったNPO法人CANVASのワークショップ。

そのアイディアを実行に移すため、海老沢先生は、障害を持つ子どものためのモバイル端末活用事例研究「魔法のプロジェクト」に応募する。

「『子どもたちがグループで取り組む物語作り』という研究計画を応募し採択されました。また同じ年には、東京都が全都立特別支援学校にiPadの配備を決定しました。こうして、石神井特別支援学校に20台ほどのiPadが届いたのです。それが2014年秋のことでした」

iPadが子どもたちの新たな表現ツールに

美術の担当でもある海老沢先生は、前々からやってみたいと考えていたコマ撮りアニメーション制作にiPadを使うことを思いつく。

「『ストップモーションスタジオ』というアプリを使えば、特別な機材を使わなくてもiPadだけで簡単に"コマ撮り"ができるんです。しかも撮影したらすぐに再生して確認できるので、子どもたちにとってもその原理がわかりやすい。iPadを抱えて校内のいろいろな場所で撮影したりして、とても盛り上がりました」

コマ撮りアニメーションの効果を実感した海老沢先生は、「卒業を祝う会」の3年生の発表で、コマ撮りアニメーションを使うことを提案する。

「1〜2年生へのメッセージを込めたアニメーションをみんなで作ろうというものでした。子どもたちも"コマ撮り"のおもしろさを実感しながら作品を完成させることができました。そして迎えた集会の当日。3年生の発表の番になりコマ撮りアニメーション映像が流れると、その場にいた中学部の子たちの目がスクリーンに釘付けになったのです」

普段はあまり発表などに注目しない生徒までが画面を注視している様子に教員たちからも驚きの声が上がったという。

海老沢 穣 先生

1996年より東京都立特別支援学校教諭。知的障害のある子どもたちが通う特別支援学校で、美術、国語・数学、生活単元学習等を担当。iPadを積極的に活用し、子どもたちの創造性・表現の力を引き出すアプローチに取り組んでいる。ICT夢コンテスト2016 日本教育情報化振興会奨励賞受賞。クリエイティブな教育を目指す研究会「SOZO.Ed」代表。Apple Distinguished Educator Class of 2017

特別支援学校編 ▶ 東京都立石神井特別支援学校

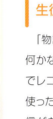

卒業を祝う会で発表したところ、中学部全生徒の目が釘付けになったコマ撮り動画。

『うんどうかい がんばって』『がくしゅうはっぴょうかい みにいくよ』など、それぞれのクラスで考えたメッセージが1～2年生にもしっかり伝わっていて、3年生もとても誇らしげでした。映像のもつ魅力や素晴らしさを実感した瞬間でしたね。iPadは子どもたちが自分なりの表現を実現するための強力なツールとなることを痛感しました。

レゴを使った物語作りで生徒の対話を引き出す

「物語の素材になるようなものが何かないかなと覗きに行った展示会でレゴを見つけたんです。『これを使ったら絶対おもしろい』そんな確信があって、ちょっと高かったのですがストーリースターターと専用のアプリを自腹で購入しました」

当時の興奮そのままに、レゴを使った物語作りのきっかけを海老沢先生は振り返る。

「魔法のプロジェクトの研究として、3年生の国語の授業でレゴが使えるのではと考えました。対象とした生徒はちょっと強引なところがあって、自分勝手にどんどん進めては、イライラしたり投げ出したりしてしまうところがある子でした。でも、レゴを使って自分の物語を作り、3人1組でやりとりをしながら1つの物語作品を作る中で、友達のアイディアをうまく取り入れ一緒に共同作業をする姿が見られたのです。」

子どもたちの映像作品が最優秀アイディア賞に

レゴを使った物語作りの実践は、翌年担当となった1年生の国語の授業でさらに進化を遂げていく。

「『ロイロノート』を取り入れたことで、アイディアがさらに広がるようになり、子どもたちは夢中で取り

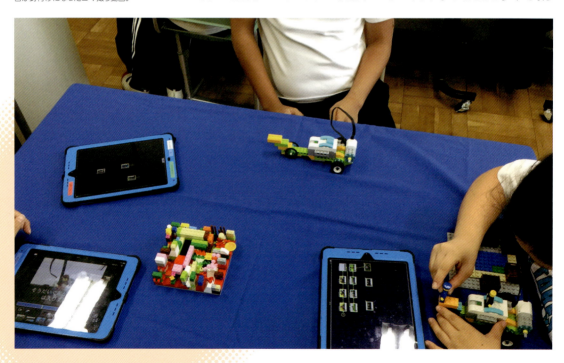

視覚支援がとても重要な知的障害特別支援学校だからこそ、iPadの画面をすぐにモニターに映し出せる環境がほしい。そのことの大切さがまだあまり認識されていないのが課題ですね

レゴとロイロノートを組み合わせた物語作りは東京都特別支援学校総合文化祭映像部門で最優秀アイディア賞を受賞。

組んでいました。このアプリは特別支援の生徒にとっても非常に使いやすく、手書き機能やアニメーション機能を活用して、5人でとてもユニークな物語を作ってくれました」

できあがった作品に海老沢先生がBGMをつけ、その頃開催されていた東京都特別支援学校総合文化祭映像部門に出品する。

「驚いたことに最優秀アイディア賞を受賞してしまったんです。NHKのプロデューサーの方が審査で選んでくださり、『こだわりと協調の絶妙なバランスが素敵なファンタジーを生み出している作品です』という講評をいただきました。総合文化祭に知的障害特別支援学校の中学1年生が出品して賞をもらうというのは例がないことで、校長室で賞状とトロフィーをもらった子どもたちはとても嬉しそうに手応えを感じていました」

表現の1つとしてのプログラミング教育

「子どもたちが描いた絵を動かして共有できたらすごくおもしろいだろうなってずっと思っていたんです」

プログラミング教育への取り組みを始めた理由を海老沢先生はそう説明する。

「何かないかなと探していたときに、これまた親子で行ったワークショップで、ビジュアルプログラミングの『Viscuit（ビスケット）』に出会いました。僕が特別支援学校の教員だということがわかると、CANVASさんから『連携して何かやりましょう』という言葉をもらったんです。それじゃあということでお願いしたところ、『Viscuit』の開発者である原田康徳博士を学校に招いての授業が実現しました」

知的障害のある子どもたちにとっても、『Viscuit』のシンプルなプログラミングの仕組みはわかりやすかったという。

「子どもたちは"めがね"の差分で絵を動かすという原理を理解することができました。また、それぞれの生徒が描いた絵は、天井に大きく映し出された海の中で共有され、ビスケットランドの楽しさをみんなで体験することにつながりました」

さらに石神井特別支援学校では、『WeDo2.0』を使ったロボットプログラミングにも挑戦している。

「iPad上でブロックを組み合わせてプログラミングし、レゴで作った車を操作するという授業を行いました。速さと時間の数値を変えて、目標地点で正確に車を止めるという学習です。また、レゴの主人公が車に乗って目的地まで移動するシー

特別支援学校編 ▶ 東京都立石神井特別支援学校

ンを撮影して物語作りにも取り入れました」

ICT活用を進めるうえで大切なこととは？

「やっぱり生徒が集中していたり、意欲的に取り組んでいる様子を間近で見ると、自分でもやってみたいという教員は増えますね」

学校内でICT活用を広めるポイントはという問いに、海老沢先生はそう答える。

「ICTにくわしい教員がいる学年の方が活用は進みます。現状ではiPadの操作やプロジェクターへの接続は難しいと思っている教員も少なくありません」

一方、ICTを活用した授業に対する生徒たちの評価は高いという。

「子どもたちもスクリーンや画面から視覚的に情報を得ることが、自分にとって分かりやすいことを理解しています。教室に固定式プロジェクターがなく、毎授業ごとに持ち込んで接続するという環境であっても、子どもたちは画面が映るまでじっと待っていて、中には自分から設置を手伝ってくれる生徒もいるくらいです」

また、環境面についてはプロジェクターの設置や接続の煩雑さが大きな課題だと海老沢先生は強調する。

「視覚支援がとても重要な知的障害特別支援学校だからこそ、iPadの画面をすぐにモニターに映し出せるような環境がほしい。そのことの大切さがまだあまり認識されていないのが課題ですね」

つながりが生み出す特別支援教育の可能性

「NPOや企業、アーティストなどさまざまな立場の人たちと連携して、授業を一緒に作っていくことが必要だと考えています。外部の方々にも子どもたちの魅力や感性に触れてもらう機会を作ることで、そこからさらに輪が広がり、新たな展開につながっていくんです」

石神井特別支援学校への来校者には、また来たいという感想をもつ人が多いという。

「特別支援学校はまだまだ知られ

『Viscuit（ビスケット）』『WeDo2.0』など表現力を軸にしたプログラミング教育を実践。

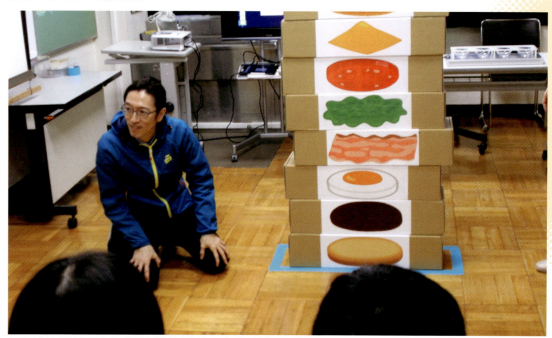

海老沢先生は、ICTを使用したプログラミング教育に加え、「アンプラグドプログラミング」の手法を取り入れた授業にも挑戦している。

本校が進めている創造性や表現のアプローチ、デジタルものづくりのアプローチは、障害のあるなしに関わらず、多くの子どもたちとつながりがもてる内容です。

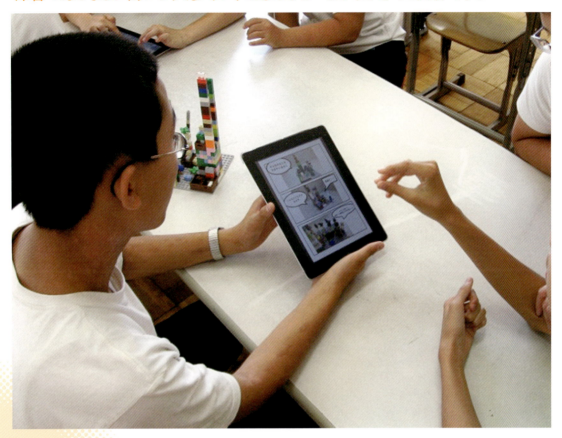

ていない部分も多いので、たくさんの人にその取り組みについて知ってもらい、活用のアイディアや助言をいただきたいです。これまでICT活用があまり進んでこなかった知的障害特別支援学校だからこそ、テクノロジーを活用することでたくさんの可能性があるのではと思っています」

ICTを活用した今後の展望について、海老沢先生は次のように語る。

「本校が進めている創造性や表現のアプローチ、デジタルものづくりのアプローチは、障害のあるなしに関わらず、多くの人々や子どもたちとつながりがもてる内容です。最近では、作品を保存・共有できるコミュニティサイト『Creatubbles（クリエイタブルズ）』の活用も行っています。ICTを通じて世界のさまざまな国や学校とのつながりを広げていけたらいいなと考えています」

動画でCHECK！ ▶ 『iTeachers TV ～教育ICTの実践者たち～』 YouTube

【Vol.80】海老沢 穣 先生
（東京都立石神井特別支援学校）前編
https://youtu.be/VCd-FzJStBE

【Vol.81】中田 智霞 先生
（東京都立石神井特別支援学校）後編
https://youtu.be/z8dAl-fv2ks

特別支援学校編 ▶ 東京都立石神井特別支援学校

"新しい学び"をつくる！「実践ツール&活用法」紹介

おすすめ

特別支援教育や子どもたちの表現力を育成する授業に役立つ、海老沢先生おすすめのアプリ&ツールとその活用法を一挙公開

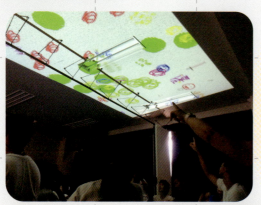

KOMA KOMA for iPad

開発元・販売元	TriggerDevice
カテゴリ	アプリ
価格	無料

シンプルな操作性が特徴のコマ撮りアニメーションアプリ。前のコマが確認できる透かし機能、シャッターボタンを押さなくても撮影できるインターバル撮影機能を備えている。

Viscuit（ビスケット）
開発元・販売元	yasunori harada
カテゴリ	サービス
価格	無料

小学校低学年でも楽しめるビジュアルプログラミング言語。「メガネ」に自分の描いた絵を配置することで、キャラクターを動かしたり変化させることができる。

Creatubbles（クリエイタブルズ）

開発元・販売元	Creatubbles Pte
カテゴリ	サービス／アプリ
価格	無料

自分たちで作った作品を保存・共有したり、作品を通して交流することができるコミュニティサイト。「世界の子どもたちとつながる」という夢の実現に向け、石神井特別支援学校でも活用している。

Puppet Pals2

開発元・販売元	Polished Play
カテゴリ	アプリ
価格	無料

デジタル人形劇が作れるアプリ。ステージやキャラクターが豊富で、子どもたちの創作意欲を引き出す。アフレコ機能もあり、グループで物語を作って動画作品として保存することができる。

"新しい学び"をつくる！おすすめ「実践ツール&活用法」紹介

ロイロノート

開発元・販売元	LoiLo
カテゴリ	アプリ
価格	600円

直感的に使えるプレゼンアプリ。カメラロールの写真や手書きで簡単にカード（スライド）を作ることができる。アフレコやBGM、動画の書き出し機能もあるのでムービー制作にも威力を発揮。

レゴ® WeDo 2.0
開発元・販売元	レゴ
カテゴリ	ロボット
価格	25,920円

石神井特別支援学校では、目標とする位置に正確に車が止まるようにプログラミングをするという実践で活用。レゴの主人公が車に乗って移動する姿を撮影して物語作りにも取り入れた。

LEGO is a trademark of the LEGO Group.
©2018 The LEGO Group.

Keynote

開発元・販売元	Apple
カテゴリ	アプリ
価格	無料

パワーポイントにはないルビ（ふりがな）をつける機能があるApple純正のプレゼンテーションアプリ。写真や動画の貼り付けなどがしやすく、視覚支援の教材作成に最適。

ねずみタイマー

開発元・販売元	LITALICO
カテゴリ	アプリ
価格	無料

時間の長さの理解が難しい子でも、時間を「見える化」してイメージできるタイマーアプリ。食いしん坊のねずみがリンゴをかじっていく様子で、時間の長さが感覚的にわかる。

●掲載情報は2018年2月1日段階のものです。名称やアイコン、価格などは変更される場合があります。価格は税込表示となります。

誌上座談会③ ▶ 上大野小学校 薄井学級〜プレゼンテーション×ICT〜

iPadを使って小学生がスピーチ
誌上座談会 〜上大野小学校 薄井学級〜

古河市立上大野小学校は、全児童に一人1台体制でiPadを整備。薄井直之先生のクラスでは、iPadを使ってプレゼンテーションする「朝のスピーチタイム」を毎日行っている。薄井先生、薄井学級の卒業生・現役小学生姉妹、お父さんに話を聞いた。

——上大野小学校は2015年にiPadを全学年一人1台体制で導入しました。そのときの様子を教えてください。

薄井 iPadが入ることは子どもたちにも保護者にも正式には伝えていませんでした。噂は流しましたが。
お父さん 書面のお知らせなどはなかったです。でも僕はMacが好きでiPadも持っていたので、ついに来たか、と大喜びでした。
葉月 5年の2学期に急にiPadが来て、最初は算数で使っていました。
歩子 私は2年生。初めは先生が使うのを見ていて、私たちもだんだん使えるようになりました。
薄井 いきなり使い始める学年と、足踏み状態のところといろいろでしたね。それであちこち教えに行きました。

——薄井先生は、導入後すぐプレゼンテーション力向上のために「朝のスピーチタイム」を始めたんですね。

薄井 1学期から前で発表などはしていたので、iPadが入って学習スタイルを変えたわけではありません。目指したのは「大喜利」です。与えられたお題で、スライドを作ってプレゼンするというのがiPadの使い方とマッチしていました。6年

朝のスピーチタイムにiPadでプレゼンする葉月さん（小学6年生当時）

目指すは「大喜利」!

揃って薄井先生の教え子となった勝さん姉妹。写真（右）が姉の葉月さん。（左）が妹の歩子さん。

生が古河市教育ICTフォーラムで発表して注目され、薄井学級でやっていたことが全校に広がったんです。

——「大喜利」ですか。それをやらせたかったのはなぜですか。葉月さん、歩子さんは、やってみてどうでしたか？

薄井 上大野小学校は小さい学校なので、みんな仲が良くて話さなくても通じてしまいます。だからお題を選んでちゃんと意見を言うというのをやりたかったんです。知らないことは調べて。

葉月 スピーチは即興ではなく用意して話します。私は人前で話すのは最初苦手だったけれど、すぐ好きになりました。スピーチタイムは1年で11回くらい。他に総合の授業や卒業式のスピーチなど一度に5本位抱えていることもありました。

歩子 お姉ちゃんを見ていたからわかっていたけれど初めのうちは難しかったです。でもたくさんやって慣れてきました。

薄井 二人ともうまくなる片鱗は最初からあったけどね。スピーチは基本毎日やっています。子どもたちは、何かで怒られて「もうスピーチやらなくていいよ」と言われるのが一番嫌。「やらせてください!」って泣いちゃうんです。

動画でCHECK! ▶YouTube
『iTeachers TV 〜教育ICTの実践者たち〜』

【卒業式SP】特別企画 卒業式スペシャル
（古河市立上大野小学校）
https://youtu.be/WyV4WdWPuFg

誌上座談会③ ▶ 上大野小学校 薄井学級～プレゼンテーション×ICT～

——スピーチができないと泣くというのはすごいですね。iPadを使っていて怒られることはありますか。ルールはあると思いますが。

歩子 話し合いで意見が出なくなってiPadをいじって進まない時とか。

薄井 調べるふりをして実は考えていないときですね。でもルールは「使わないときは伏せておく」というくらい。フォトブースで友だちの顔に変な加工をして遊んだ時は、いじめにつながるからダメだと言いましたが。

——必要ないことはしないということですね。iPadを使ったプレゼンテーションは、どのように学ぶのですか？

薄井 まずシンキングツールや付箋を使って考えをまとめ、スピーチの構成を作ります。原稿は書きません。低学年の場合は型を使って穴埋めから。中学年はいくつかの型から選びます。高学年になったら、型を破ってもいいんです。とにかく聞き手を楽しませることが大事。

歩子 真面目すぎておもしろくないスピーチはダメ。結論と理由だけでなく最後にまとめを言わなくてはいけないとも言われます。

薄井 子どもたちはツールの使い方を教えたら、あとはほったらかしておくと自由にペアやグループを作ってアドバイスし合ったり一人で集中して作業したり。先生は呼ばれたら行きます。

——スピーチ作りは一人でやる作業ではないのですね。みなさんにとって、いいプレゼンテーションの基準とはなんですか？

薄井 まず何が言いたいかがはっきりしていること。それが固まっていないと、聞き手の反応が悪くなります。聞き手を意識して柱を作り、言いたいことを伝えるのが重要です。

勝 歩子 さん
上大野小学校4年生。葉月さんの妹。現在薄井学級で、スピーチの修行中。目標は、スピーチで姉を超えること。将来はまだわからないが、ピアノの先生、幼稚園の先生、農業などに興味がある。

薄井 直之 先生
茨城県古河市立上大野小学校教員。ICT機器を活用した授業実践を推進。自身はお笑い芸人を見てプレゼンテーションの基本を学んだ。子どもたちには、聞き手に伝わるプレゼンができるようになってほしい。

勝 葉月 さん
上大野小学校の薄井学級でスピーチを学び、古河市教育ICTフォーラムや、iTeachersTVなどでプレゼンテーションを行う。2017年3月に上大野小学校卒業。現在中学1年生。将来の夢は教師。

お父さん（勝 英秋さん）
葉月さんと歩子さんのお父さん。農業に携わっている。次期上大野小学校PTA会長の就任が決まっており、これからいろいろな場でスピーチをする機会が増える可能性も。

葉月 聞きやすくて楽しいことです。ポイントは笑いが取れるかどうか。

歩子 私はわかりやすくて、みんなが楽しくなって、ジェスチャーもあるのがいいと思います。

——お父さん、お母さんもお子さんたちのスピーチは見ますか？

お父さん もちろん見ます。家でもずいぶん練習していますし。

葉月 お母さんはダメ出しが多いです。

お父さん 母親は厳しくて、僕は褒める専門です。でも僕らが小学生のころは、こんなふうに自分から発信なんてできませんでした。本当にすごいし、羨ましいです。

——確かに昔とはまったく違いますね。葉月さんは6年生で薄井学級になって何か変わりましたか？

葉月 すごく変わりました。それまでは22人のクラスで、それぞれのキャラが決まってしまっていて言いたいことが言えないこともありました。でもスピーチをやるとお互いの意外な面が見えてきて、みんな本当に仲良くなれました。

——そのクラスで一番印象に残っているプレゼンテーションは？

葉月 卒業式のあと卒業生全員が、在校生、保護者、先生の前でやったスピーチです。みんな気合が入っていてすごかった。

お父さん 将来の夢や思い出などのテーマで22人が続けてやったんですが、あっという間で。全員が堂々としていて、本当に感動しました。

——それは盛り上がったでしょうね。では、最後に歩子さん葉月さんの目標、お父さんが二人に期待すること、そして薄井先生が目指すことを教えてください。

歩子 今の目標はお姉ちゃんが一番うまかったプレゼンを超えることです。

葉月 私はスライドも使わない、シンプルだけどすごいスピーチをしたい。将来の夢は教師です。ICT機器を活用して、人間的な関係も築ける先生になりたいです。

お父さん 子どもたちには自分がこれだと思うことを見つけて楽しくやってほしい、それだけです。

薄井 葉月さんの学年は、みんなが自分の得意、苦手を知っていて協力し合って学ぶという理想形の学習集団でした。これからもスピーチを通じて子どもたちのいい関係づくりをしていきたいと思っています。

——葉月さん、歩子さん、上大野小学校の子どもたちのスピーチがどう進化していくのか、とても楽しみです。今日はありがとうございました。

動画でCHECK! ▶『iTeachers TV ～教育ICTの実践者たち～』 ▶YouTube

【Vol.46】薄井 直之 先生
（古河市立上大野小学校）前編
https://youtu.be/QR26pSmuX_0

【Vol.47】薄井 直之 先生
（古河市立上大野小学校）後編
https://youtu.be/W06LySNnddQ

Column ⑥

iOS拡張現実ツールARKitと
プログラミング学習ツールSwift Playgrounds

国際医療福祉大学大学院 准教授
HoloEyes株式会社 COO
杉本 真樹

図1. iOS拡張現実ツールARKit

2020年度から実施予定の「新学習指導要領」は、資質・能力を身に付けるために「どのように学ぶ」のかを重視し、主体的・対話的で深い学び、いわゆるアクティブ・ラーニングを取り入れた授業の実施が盛り込まれている。

拡張現実ARKit

2017年のアップル社年次開発者会議「WWDC 2017」において発表された「ARKit」は、iOS11でAR（拡張現実、Augmented Reality）を体験でき、この主体的・対話的な深い学びに大きなインパクトを与える可能性がある。iPadやiPhoneにおけるiOS11は、世界最大のARプラットフォームといわれ、ARKitによってデジタルオブジェクトや情報をユーザーの周りの環境と融合させ、アプリケーションを通じて画面の枠を超えたまったく新しい体験を提供している。現実空間の平らな場所や壁面を正確にマッピングし、そこにCGなどの立体モデルを重ねて表示できる。iPadの位置が動いても、表示された立体モデルと現実空間のずれが出ない。（図1）

また立体モデルの色や明るさも、現実の状況に合わせ自然に変化し、立体モデルに光源が当たれば、その反射や陰影も変化する。半透明な立体モデルの場合は、奥の背景も透過して見える。背景の現実世界は、高解像度オートフォーカスによって鮮明に表示される。また立体モデルと現実空間の位置座標がリンクするため、机や床の上、複数の高さや不規則な形の面に重ねたり、特定の空中に浮かばせることも可能だ。（図2）

複数人で同時に空間座標を共有できるため、その場で仮想体験できるので教育目的やプレゼンテーションにも有効なツールである。（図3）

iPadプログラミング学習ツール「Swift Playgrounds」

2020年の新学習指導要領でプログラミングの必修化が進められることになった。政府は、若者が第4次産業革命時代を生き抜き、主導できるよう、プログラミング教育を必修化して、ITを活用した個別化学習を導入することを決定した。必修化といっても、必ずしもプログラミング言語やプログラミング技術の習得ではなく、プログラミング的思考を育むことが目的である。自分が意図する一連の活動を実現するた

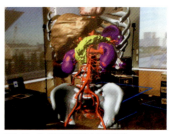

図2. iPadとARKitで3D人体を学ぶ。

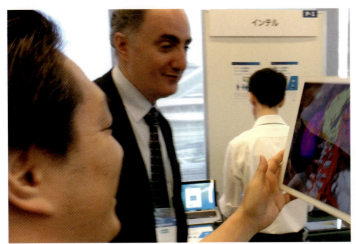

図3. iPadとARKitによるプレゼンテーション。

図4. Swift Playgrounds
https://www.apple.com/jp/swift/playgrounds/

図5

図6
図5-6. 教育機関でのSwift導入
https://www.apple.com/jp/swift/

めに、一つ一つの動きに対応した記号を、どのように組み合わせたらいいのか、記号の組合せをいかに改善すれば、より意図した活動に近づくのか、といったことを論理的に考えていく力を育むことが狙いだ。

そこでアップルはiPad向けに、プログラミングによる論理的思考能力を身につけることを目的に作られたプログラミング学習ツール「Swift Playgrounds」を無償公開している。これはiOSやMacのアプリ開発ツールSwiftを教育市場向けに公開したものである。

Swift Playgroundsは、タッチベースで簡単にプログラミングができる。本格的なアプリ開発にはMac上の開発環境Xcodeが必要だが、プロトタイピングレベルならSwift Playgroundsを用い、コードを書いたら「再生」ボタンを押すだけで動くので、非常に簡単で素早い。コーディングの知識は一切不要で、コードをこれから学び始める学生や生徒にぴったりだ。Swift Playgroundsでは、Swiftを使ってパズルを解くようにコードの基本をマスターできる。(図4)

すでに多くの教育機関もカリキュラムにSwiftが導入されており、コンピュータプログラミングの講座でSwiftを教えたり、iTunes UでSwiftの無料講座を提供している。こうして開発者でなくても、プログラミングの初心者が、初歩的なコーディングからプロレベルのプログラミングへ簡単に移行できている。(図5-6)

杉本 真樹 先生　　国際医療福祉大学大学院 准教授　HoloEyes株式会社 COO

1996年帝京大学医学部卒業。専門は外科学。帝京大学病院外科、国立病院機構東京医療センター外科、米国カリフォルニア州退役軍人局PaloAlto病院客員フェロー、神戸大学大学院医学研究科准教授を経て現職。医療画像解析、手術ナビゲーションシステム、VR/AR/MR、3Dプリンターによる生体質感造形など医療・工学分野での医工産学連携、新規事業開発や科学教育、若手人材育成を精力的に行っている．また医療・教育・ビジネスなどの多分野にてプレゼンテーションセミナーやコーチングを多数開催。各地のTEDxにてスピーカー。TED翻訳者。

現場目線の提案と安心できるサポート
教育産業(株)のiPad導入運用サポートメニューご紹介

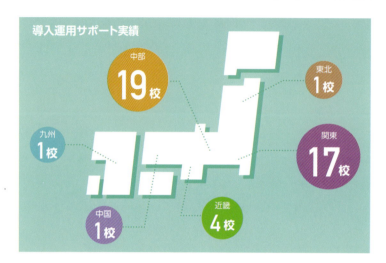

導入運用サポート実績
- 中部 19校
- 東北 1校
- 九州 1校
- 関東 17校
- 中国 1校
- 近畿 4校

iPad導入実績10,000台突破。アップルコンサルタントネットワークに認定

　教育産業株式会社は創業以来、「メディアにぬくもりのある声を、心の通うコミュニケーションを」の志を掲げ、教育現場を中心とした映像音響やICTに関するトータルサービスを提供しています。具体的には、CALLシステムやマルチメディアシステム、講堂の音響設備をはじめ、電子黒板やプロジェクターの整備、校務支援システムの導入、校内ネットワークの構築など、新しい時代の学びを実現するために必要な環境整備のお手伝いをしています。

　そんな教育産業で昨今、最も需要を伸ばしているのが、教育機関へのiPad導入です。新学習指導要領では高大接続改革や英語4技能、アクティブラーニング、プログラミング教育などICT活用が重要視されていますが、私立教育機関ではiPadを導入し、一足早くこれらの新しい学びに向けて取り組みをスタートしています。教育産業では、こうした私立教育機関へのiPad導入を黎明期からサポートし、IT先進校が抱える課題や、各学校が求める学習環境の実現に向き合いながら、経験とノウハウを蓄積してきました。広尾学園中学校・高等学校、立命館守山中学校・高等学校など、有名なICT先進校はじめ、小学校から大学、自治体、特別支援などあらゆる学校に教育産業は関わってきました。

　教育産業 公共営業部 ICT 推進担当 チーフアドバイザーの山口宗芳氏は「おかげさまで、教育機関へのiPad導入が始まった黎明期から事業展開をしていたことで、弊社には多くのノウハウや事例が蓄積されています。学校様とも信頼関係を築くことができ、これまでのiPad導入台数は10,000台を超えました。こうした点を評価していただき、2017年にはAppleコンサルタントネットワーク（※）にも認定されました」と語っています。

※Appleが認定した外部のコンサルタント企業。Apple製品の販売だけでなく、顧客と向き合い提案するコンサルティングが求められる。

iPad導入時期、機種、台数、予算など、学校のニーズに合わせて提案

　教育産業ではiPadを検討する教育機関に対して、「導入」と「サポート」の2本柱でサービスを展開しています。特徴は、そのどちらにおいても、積極的にソリューションを提案していることです。単に学校に機

協賛企業誌上プレゼンテーション

研修会は、1回だけの単発企画から、年間を通して定期的に行うものまで対応。

の要望を聞きながらプランニングのお手伝いもします。ひとくちにiPad導入といっても、めざす教育やスタートの時期、導入台数、予算、活用範囲などによって進め方は大きく異なります。iPadの効果を最大限発揮するためには、何が必要で、どの順番で整備すればよいか。「導入前から、プロが関わることで、長期運用を見据えたきれいなスタートを切ることができます」(山口氏コメント)

各学校の要望に合わせた研修をサポート！利用が高まるiTunes Uの研修も可能

iPad導入後に関しては、「サポート契約」を結んでいただいた教育機関に対して、手厚い研修を用意しています。現場のiPad活用を高めていくためには、より多くの先生が授業で使えることが大切ですが、教育産業ではiPadやアプリの使い方

材を入れて終わり、先生の要望を聞いて終わり、ではなく、今の子どもたちに起こり得る問題や、安心・安全のために最低限必要な設定、ICT活用が現場で根づくためのサポートなど、長期的にiPad安定運用ができるよう、さまざまな知見やノウハウを網羅しながら提案しています。

なかでも教育産業の強みは、各学校や自治体のニーズに合わせたiPad導入とそれに伴う環境整備です。Apple School Manager、Classroom、Shared iPad、MDM（モバイルデバイスマネジメント）、Apple Configurator、DEP（Device Enrollment Program）、VPP（Volume Purchase Program）など、iPadを教育機関でより効果的に活用するためには、さまざまなサービスの併用が望ましいですが、これらすべてを把握し、実装できる業者は他にないと自信を持っています。実際、教

育産業には、他の業者から乗り換えたい、という依頼が舞い込むこともあり、"ちゃんと分かっているところに任せられてよかった"という声が届いています。

またiPadの導入前に関しても、何を優先し、どのように進めていくのが良いか、教育産業では、現場

研修テーマは学校のニーズに基づいて、項目を細分化してご提案。一斉講義型からワークショップ型まで幅広く対応。

iPad教育活用 7つの秘訣2 ● 103

といった基礎的な内容から、授業におけるiPad活用まで、学校のニーズに合わせたきめ細やかな研修を用意しています。

iPad導入後の研修を担当する教育産業ICTサービス部サポートサービス課髙野優花氏は、「研修内容は、学校様に要望を聞いたうえで決めています。先生方のスキルや各学校の取り組み具合によって必要な研修が異なるため、その都度、手順書を作り変えて行っています」と説明。

実際の研修では、iPadに触る時間を重要視していると髙野氏はいいます。例えば、基礎的な研修であれば、写真を撮影して、ひとこと書き込み、それをApple TV経由で黒板に投影するという具合です。「先生が集まってワイワイ言いながら、楽しんで取り組んでいただくことで、"これ、いいね!"と言ってもらえることが多いです」と髙野氏。授業での実践にもつながりやすいといいます。

2018年2月現在、最新サポートメニューは、アップルが提供する無料アプリケーション「iTunes U」の研修です。私立教育機関では、学習ポートフォリオのツールとしてiTunes Uの利用が増えていますが、いざ先生方が使い始めると、初期登録から学校ページの公開や授業コースの設定など、学校の負担が大きい部分があります。そのため教育産業では、iTunes Uの研修を用意し、現場でのスムーズな運用をお手伝いしています。他にも、新学習指導要領の実施に向けて、プログラミング教育の研修も用意するなど内容を充実させています。

電話で相談できるヘルプデスクも用意。プロによる安心・安全な運用

教育機関におけるiPad活用は、いつ、どこで、トラブルが起きるか分かりません。"iPadの電源がつかない""生徒が不正プロファイルをインストールしてしまった""Wi-Fiにつながらない"など、日々のトラブルはつきものです。教育産業では、こうした状況にいつでも対応できるよう、電話でのお問い合わせが可能なヘルプデスクを用意しています。

研修に用いる資料は、スライドデータで作成したものを、大きなスクリーンに映し出したり、紙資料として印刷・配布したり、複数の媒体でご提供。

協賛企業誌上プレゼンテーション

　教育産業ICTサービス部サポートサービス課でヘルプデスクを担当する冨田一斗氏は、「忙しい先生方がiPadのトラブルまで対応されるのはご負担も大きいです。それよりも、トラブル対応は我々に任せていただいて、先生方は教育のことに専念できるような環境づくりをお手伝いしたいと考えています」とコメント。iPadに関する情報は日々アップデートされていきます。iPad導入後こそ、専門知識を持つプロの力を頼ってほしいというのです。

　また昨今、増えているトラブルは、悪意のない不正アクセスです。特に小学校や中学校では、先生方がきちんと指導されていても、子どもたちが誤ってリンクをクリックしてしまったり、プログラミング教材のサイトなどに設けられたSNSにアクセスしてしまう場合があります。こうした状況に関しても、プロに任せれば適切な対応ができます。"不正アクセスが心配だからiPadを使うのをやめよう"と、現場のICT活用を後退させてしまわないためにも、運用面でプロが関わることは価値あることだと教育産業は考えています。

　多くの学校様や先生方から、"教育産業を信頼しています"という言葉を頂いています。めざす教育の実現に向けて、我々ができるお手伝いはないか。これからも一緒になって考えていきたいと思います。

左から、教育産業株式会社　公共営業部　ICT推進担当　チーフアドバイザーの山口宗芳氏、ICTサービス部サポートサービス課　髙野優花氏、冨田一斗氏。

お預かりしたiPadの初期設定は、複数台数のiPadの一括設定が可能なエルゴトロンカートを使って設定。

教育産業株式会社

創　　　業／1936年(昭和11年)7月
本社所在地／〒460-0002　愛知県名古屋市中区丸の内三丁目18番28号
Ｔ　Ｅ　Ｌ／052-971-3011
e - m a i l／info@ksg.co.jp
企業サイト／https://ksg.co.jp/

クロージング対談 ▶ 漫画家　江川達也 氏

江川達也（漫画家）
愛知教育大学数学科（応用数学専攻）卒業。卒業後、中学の数学講師という経歴をもつ。本宮プロダクションでのアシスタントを経て、1984年に『BE FREE!』で漫画家デビュー。以降、『まじかる☆タルるートくん』『東京大学物語』など数々の人気漫画を生み出す。また、数多くのバラエティ・情報番組に出演し活躍している。

不易と流行。2020年に向け、今まさに変わらんとする教育の現場だが、いったい何を改革し、何を残していくべきなのか。日本を代表する漫画家であり、教育に対する強い思いをもつ江川達也氏との対談から、「学び」の原点を見つめ直す。

「学び」の原点は「遊び」の中にある！

江川達也 × 小池幸司　クロージング対談

**数学講師から漫画家へ
半年で転身した本当の理由**

小池　『BE FREE!』『東京大学物語』など、江川先生の漫画ではよく学校が舞台となっていますが、漫画家としてデビューされる前には学校の先生をされていたそうですね。

江川　名古屋市内の中学校で数学を教えていました。常勤講師としての採用だったのですが、水泳部の顧問もやっていましたよ。といっても、4月から始めてその年の8月末までだから期間として5ヶ月ほどですけどね。

小池　たしか大学は愛知教育大学のご出身でしたよね。先生になってわずか半年足らずでお辞めになるとは、何か理由があったのでしょうか。

江川　本宮ひろ志先生が募集していたアシスタントへの採用が決まったんです。もともとが半年間の契約でしたし、生徒たちにとっても学期変わりのタイミングの方がいいだろうと少し前倒しにしてもらいました。2学期の始業式のときに「東京に行って漫画家になる」って言ったら、生徒たちもビックリしていましたけどね（笑）

小池　数学の先生からいきなり漫画家になるなんて聞いたら、それはおどろきますね。やはり江川先生の中では、もともと漫画家になりたいという気持ちの方が強かったということでしょうか。

江川　たしかに大学生の頃には出版社への「持ち込み」もしていましたし、漫画家を目指すか教師になるかを迷っていた時期もありました。でも一番の理由は、実際に中学校の教師をやってみて、「ここにいては、自分がやりたかった教育ができない」ということに気づいたからです。

「批判」と「不満」を創造へのモチベーションに

小池　そもそも江川先生が教師をめざすようになったきっかけは何だったのでしょうか。

江川　実は教師になろうと思ったのも漫画家になろうと思ったのも根っこの部分は同じで、あらゆるモチベーションは"批判"と"不満"なんですよ。「ちがう、そうじゃない」「自分ならもっとこんなふうにやるのに」という。ちなみに子どもの頃、一番なりたかったのはアクション俳優で、仮面ライダーやウルトラマンなどの"特撮モノ"を見ては、「どうやって作ってるんだろう」「もっとこういう演出をすればいいのに」と作り手側の目線で見ていました。

小池　いわゆる「クリティカル・シンキング」のようなものですかね。ということは、子どもの頃から、学校の授業や先生に対しても批判的な目をもっていたということですか。

江川　自分で言うのもなんですが、ちょっと変わった子どもでしたからね。幼稚園や小学校の授業がおもしろいと思えなくて、「自分だったら、もっとこんなおもしろい授業をやるのに」なんてことを、ふだんから考えている子どもでした。

小池　なるほど、当時から「学習者」ではなく「教師」の目線で見ていたということですね。やはりその当時から、勉強はすごくできたのでしょうか。

7歳の頃の江川氏。授業はほとんど聞かずに絵を描いたり授業案を考えたりしていた。

クロージング対談 ▶ 漫画家　江川達也 氏

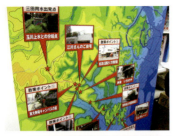

『まじかる☆タルるートくん』を描く江川氏。

江川氏の仕事部屋。壁一面に設置された棚には漫画を描くための膨大な数の資料や書籍が収まっている。

江川　低学年の頃はそれがよくわからなくて、自分は勉強ができないと思っていた時期がありました。小2のときに「家のまわりの地図を描こう」という宿題が出たのですが、道の縮尺もピッタリ、歩道や家屋も入れた衛星写真のようなものを描く課題だと思い込んで、8割くらいは完成させたんだけどさすがに終わらず。次の日に学校でみんなの宿題を見て、「すごくまちがえたことしちゃった」と愕然としたのを覚えています。

小学生の頃から思い描いていたアクティブ・ラーニング

小池　授業中は漫画を描いているか授業案を考えていたということですが、当時どんな授業を思い描いていたのか覚えていますか。

江川　アニメーションの教材や立体の模型を作るとか、もっとビジュアルでわかりやすく教えたらいいのにと考えていました。当時の教科書にはあまり絵がなかったですし、先生の描く絵もお世辞にもうまいものではなかったですし。あとは、いまで言う「アクティブ・ラーニング」のような授業も考えていました。

小池　その頃から「アクティブ・ラーニング」のイメージをもっていらしたんですね。具体的にどのような授業を考えていたのでしょうか。

江川　例えば人形劇を使った授業です。フィンランドの教育のように、子どもが自分で考えた物語を、パペットを通じて発表する授業を考えていました。そのために大学のときには人形劇サークルにも入りましたし。

小池　目の前の授業や先生を"反面教師"にしながら、自分自身の理想の教師像を作り上げていったわけですね。ちなみに、仲良くなった先生というのはいなかったのでしょうか。

江川　1人だけいます。小学校4年生と6年生のときの担任で、しょっちゅうビンタを張るような昔ながらの男の先生でした。でも、自分のことは「天真爛漫でよし」と言ってくれて。理解者というわけではないけど、許容してくれた唯一の先生だったんじゃないかな。

小池　それを聞いてほっとしました。とても豪快なイメージの先生ですが、どんな授業をされていたのでしょうか。

江川　たまにですが、「なんか、今日

大学2年生の頃の江川氏。理想の授業をめざして人形劇サークルでボランティア活動をしていた。

ここで大切なのは、「ラーニングさせよう」という意図があったらダメなんです。(江川氏)

先生が用意したシナリオに乗せるだけのものであるならば、本質は変わらない。(小池氏)

は授業する気にならないな」と言って、みんなを連れ出して外で遊ぶようなことをしていましたね。「自分も教師やるならこういう先生になろう」って思っていました。

「学び」よりも「遊び」 何もしない時間が 「やりたい」を生む

小池 そんな江川先生が思い描く理想の教師像ってどのようなものなのでしょうか。

江川 自分がめざしていたのは小学校1～2年生の先生です。教えるのがすごくうまくて年間のカリキュラムを1学期で全部終わらせちゃう。それで、残りの期間は「朝から晩まで遊ぶ」っていうのが理想ですね（笑）

小池 それはまた大胆な先生ですね。でも、効率よく知識のインプットをしてアウトプットに時間をかけるという点では、ある意味、「反転授業」や「アクティブ・ラーニング」に通じるところがあるようにも思います。

江川 知識は知識で必要だからそれはしっかりと身につけて、残りの時間は遊びまくる。ここで大切なのは、「ラーニングさせよう」という意図があったらダメなんです。そういう意味では「アクティブ・ラーニング」も、「ラーニング」と言っている内は本当の意味で子どもたちが能動的になれないのかもしれません。

小池 たしかに、「先生が教える」から「子どもたちが学ぶ」へのシフトを、これからの教育はめざしているわけですが、それが先生が用意したシナリオに乗せるだけのものであるならば、本質は変わらないということですね。

江川 言い回しがどうであれ、「○○させよう」という意識が教師の側にあれば、本当の意味で子どもたちは能動的になれない。どこかに"操り人形的"なものがあるわけです。だから、ただ遊べばいいんです。そして、その「遊び」をどこまで深めるか。それが、自分がやりたい教育なんです。

小池 でも、ただ遊ぶといっても何をして遊んだらいいんでしょう。子どもたちからも、「先生、何して遊んだらいいの」と聞かれるでしょうし。

江川 「考えてみたら」と答えればいいんです。「何も言わないよ、先

クロージング対談 ▶ 漫画家　江川達也 氏

生は」って。それで1日中寝そべって日向ぼっこするというのもOK。「何かしなきゃ」っていうのをまず取っ払うことが大切なんです。3日くらい何もやらなかったら飽きてくるじゃないですか。そこで初めて本当にやりたいことが見つかるんです。

先生が「YouTuber」!? そして授業は「部活」に

小池　2020年に向けてがんばっている現役の先生たち、そしてこれから教師になろうとする「先生の卵」たちに向けて、メッセージをお願いできますでしょうか。

江川　いままさに社会が大きく変化してきていて、教育も変わらざるをえないところまで来ています。「もうここまできたら、観念するしかないよ」ってところですかね。ただ、従来型の教育のすべてを否定するのではなく、いいものは残していけばいいと思います。

小池　これまで行われてきた日本の教育システムは世界的に見ても評価が高いですし、それら全部を捨てる必要はないということですね。

江川　これからも知識の習得が不要になるわけじゃないですからね。だから、教えるのがすごく上手な先生っているじゃないですか。そういう先生たちには、YouTuberになってもらえばいいんじゃないかな（笑）

小池　実際、通信制の学校など、ネットを通じた映像授業を導入する学校も出てきていますからね。そういう意味では形は変わりつつも、こ れまでの指導法やノウハウは活かせそうですね。

江川　もうひとつ言えるのは「部活」。それぞれの学校や部によって違いはあるにせよ、部活って言ってみれば「アクティブ・ラーニング」ですよね。だから、部活でやってきた生徒主体のやり方を、授業の中に取り入れていく。部活が授業になっただけと考えれば、いままでの延長線上にこれからの学びを捉えてもらうことができるんじゃないかな。

小池　なるほど、「授業」を「部活」にするわけですね。これまでのやり方を180度変えるのでなく、これまでやってきたことの中から、「新しい学び」で活かせる部分を見つけていく。そうして2020年には、「いつの間にか学校も変わってきたね」と言えるようになっていたいですね。

iTeachers TVに出演した江川氏。ペンタブレットで書き込みながら「二進法と16進法」を解説。

動画でCHECK！ ▶『iTeachers TV 〜教育ICTの実践者たち〜』 YouTube

【新春SP】江川 達也 さん（漫画家）
3ミニッツ『二進法と16進法』前編
https://youtu.be/kME-A6AYa9g?t=643

【新春SP】江川 達也 さん（漫画家）
3ミニッツ『二進法と16進法』後編
https://youtu.be/xzhfKROslSs?t=580

あとがき

「これまで」と「これから」。そして2020年へ
〜 "生徒が主役の学び"をつくるために 〜

あれから5年。「iPad教育活用7つの秘訣」が世に出てから、気づけば5年という月日が流れました。つい先日のことのような気もしますが、巻頭座談会に出てくれた山本恭輔くん（当時中学3年生）が、今年、新成人になったことを知り、あらためて時の流れの早さを感じています。

さて、教育現場はこの5年の間にどのくらい変わったでしょうか。教育ICTに関していえば、一時期、盛んに行われていた「デジタルかアナログか？」の議論も落ち着き、これからはその両者をうまく組み合わせていくことが大切だという認識が一般的となりました。

また、首都圏の私立中高一貫校を中心として、一人1台のICT環境を実現する学校が増えてきています。導入に際しては、プロジェクトチームを作ってICT導入の目的やビジョンを明確にする。ルールを作るときには生徒たちを巻き込みながら進める。そんな学校が多く見られるようになりました。先進校の先生たちが、その実践やノウハウを惜しみなく公開してきたことで、学校種の垣根を超え、その知見が受け継がれてきた結果ではないでしょうか。

一方、「5年前とほとんど変わっていない」という学校がいまだ大多数を占めるというのも事実です。ネットワーク環境や機器の整備が十分に進まず、せっかくやる気のある先生がいても、環境面が追いついていない現状が公立校を中心にあります。このままでは、自治体や学校間におけるICT格差はますます広がっていくことになるでしょう。

そんな状況に警鐘を鳴らすべく作成したのが本書です…なんてことを言ったらカッコいいのかもしれませんが、実はそうではありません。どちらかといえば、「新学習指導要領が施行される2020年がチャンス！」「ここで"新しい学び"を一緒につくる仲間を増やしたい!!」そんなワクワクした気持ちで、プロジェクトメンバーが再結集。できあがったのが本書になります。

少し話は変わりますが、前作の出版がきっかけとなり、教育ICTを推進するチーム「iTeachers（アイ・ティーチャーズ）」が結成されました。研修会やイベントなどを通じて、ICTを活用した"新しい学び"の実践を広める活動を全国で行っています。また、本書でも紹介した「iTeachers TV」を通じて、全国の実践事例をネットを通じて紹介する活動も行っています。

さらに、2017年の夏には「NPO法人 iTeachers Academy」が設立されました。ICT活用をベースとした学びを実現するための"教員養成"の仕組みづくり、特にこれから教師になる"先生の卵たち"に、ICTを活用した学びに触れる機会を作っていきたいと考えています。

最後に、第2弾刊行にあたってお力添えをいただいたみなさまに、あらためて御礼申し上げます。そして、この本を手にとっていただいたあなたに、心からの感謝を述べたいと思います。これからの教育をつくるのはほかでもない私たちです。ぜひ一緒に"新しい学び"を築いていきましょう。

この本が"生徒が主役の学び"を実現する一助となることを願って。

2018年3月

教育ICTコンサルタント 小池 幸司

NPO法人 iTeachers Academy

これからの教育を担う教員志望者や教員のため、ICT活用をベースとした"新しい学び"を実現する力を養成するための場をつくり、日本の教育の発展と革新に寄与することを目的とした特定非営利活動法人。「iPad教育活用7つの秘訣」がきっかけとなって結成された「iTeachers」のメンバーが中心となり、2017年7月に設立された。

NPO法人 iTeachers Academy：
〜 "新しい学び"を担う次世代の先生を育てる〜

https://www.iteachers-ac.org

iPad 教育活用 7つの秘訣 2
～新しい学びの実践者に聞く ICT活用実践と2020年突破の鍵～

2018年3月31日　第1版第1刷

企画・プロデューサー／小池　幸司
ライター／小池　幸司　神谷　加代
　　　　　石田　早苗　為田　裕行
ディレクター／福原　立士

カバーイラストレーション&デザイン／ SatoRichman

編　著／株式会社 ウイネット
発 行 所／株式会社 ウイネット
　　　　代表者　猪俣　昇
　　　　新潟市中央区弁天3-2-20 弁天501ビル
　　　　〒950-0901　TEL025-246-9172
発 売 所／株式会社 星雲社
　　　　東京都文京区水道1-3-30
　　　　〒112-0005　TEL03-3868-3275
印　刷／株式会社 第一印刷所

©WENet 2018　Printed in Japan
ISBN978-4-434-24533-6　C3037

- 本書の全部あるいは一部について、株式会社ウイネットから文書による許諾を得ずに、いかなる方法においても無断で複写、複製することは禁じられております。無断複写、転載は、損害賠償もしくは著作権法の罰則の対象になることがあります。
- 本書に記載されている会社名、商品名などは、各社の商標もしくは登録商標です。本文中には、TM、R等は記載してないものもあります。
- 本書に関してお気づきの点やご質問等がございましたら、電子メール（info@wenet-inc.com）にてお送りください。なお、本書の範囲を超えるご質問に関しましては、お答えできませんので、予めご了承ください。
- 乱丁本、落丁本はお取り替えいたします。